Ullstein

Über das Buch

Millionen von Kindern sind ihm für seinen Pudding dankbar. Vor über 100 Jahren hatte August Oetker die geniale Idee, durch Backhilfen und vorgefertigte Produkte die häusliche Süßspeisenversorgung der lieben Kleinen zu erleichtern. Der Pionier der Lebensmittelbranche schuf damals die ersten deutschen Markenartikel. Sein heute weltweit operierender Konzern wird in vierter Generation immer noch von einem Familienmitglied geführt.

Über den Autor

Bettina Jung, geboren 1964 in Düren, lebt seit 1981 in München. Nach dem Studium der Germanistik, Politikwissenschaft und Geschichte promovierte sie in Augsburg über ein „Marienleben“ aus der Zeit um 1400.
Neben ihrer wissenschaftlichen Tätigkeit arbeitet sie freiberuflich für verschiedene Buch- und Zeitschriftenverlage.

Bettina Jung

August Oetker

Ullstein · Made in Germany

Ullstein Buchverlage GmbH & Co. KG, Berlin
Taschenbuchnummer: 35874

Originalausgabe
September 1999

Umschlaggestaltung: Simone Fischer und Christof Bernd
Unter Verwendung von Fotos der Dr. August Oetker Nahrungsmittel KG

Redaktion und Satz:
Kontor für Kultur und Kommunikation Saur GmbH, Ebenhausen
Grafik: Georg Lehmacher, Friedberg
Druck und Verarbeitung: Clausen & Bosse, Leck
ISBN 3-548-35874-8

Gedruckt auf alterungsbeständigem Papier
mit chlorfrei gebleichtem Zellstoff

Die Deutsche Bibliothek –
CIP-Einheitsaufnahme

Jung, Bettina:
August Oetker / Bettina Jung. Orig.-Ausg. - Berlin : Ullstein, 1999
(Ullstein-Buch : 35874)
ISBN 3-548-35874-8

Inhalt

Niemals alle Eier in einem Korb

Den Namen Oetker kennt in Deutschland seit gut drei Generationen jede Hausfrau. Er steht für das Backpulver „Backin“ und das Schulkochbuch, für Pudding und für Backaromen. Das schlichte und doch einprägsame Markenzeichen ist ein heller Frauenkopf auf rotem Oval. Dieser „Hellkopf“ wird von so gut wie allen Hausfrauen und -männern im Lande wiedererkannt. Den hundertsten Geburtstag hat das Haus Oetker längst hinter sich. Und der Konzern ist seit seiner Gründung im Jahr 1891 ein Familienunternehmen geblieben, was durchaus eine Besonderheit unter den deutschen Großunternehmen darstellt. Aus dem einstigen Backpulver- und Nahrungsmittelhersteller wurde ein national und international breitgefächerter Konzern, dessen heutiger Leiter August Oetker, Urenkel des gleichnamigen Gründers, sich noch weniger in der Öffentlichkeit präsentiert als sein Vater und Großvater, die ohnehin schon recht zurückhaltend waren. Oetker ist längst nicht mehr nur im Nahrungsmittelbereich zu Hause. Gemäß dem Prinzip des Seniorchefs Rudolf August Oetker – „Niemals alle Eier in einen Korb legen“ – wurde „Diversifikation“ betrieben. So verfügt das Unternehmen seit Jahrzehnten über weitere Standbeine im Brauerei- und Versicherungswesen, in der Schifffahrt sowie im Bankgewerbe.

Zu Beginn der fünfziger Jahre baute Rudolf August Oetker, der Enkel des Firmengründers, eine gigantische Handels- und Fischfangflotte auf; er wurde zu einem der größten Bierbrauer Deutschlands. Oetkers Name wurde zu einem Synonym für Wirtschaftsmacht und erfolgreiches Unternehmertum. Zur Führung eines solch umfangreichen Familienunternehmens mit mehr als acht Milliarden DM Umsatz gehört nicht nur eine Portion Glück, sondern auch eine ganz besondere Begabung. Durch die Weltwirtschaftskrise und zwei Weltkriege hindurch mußte der Konzern geführt werden. Einbrechende Märkte fing man durch Neuentwicklungen, Verkäufe und zusätzliche andere Bereiche auf. Bis heute ist das dem jeweiligen Firmenchef – der vierte Oetker steht dem Unternehmen seit 1981 vor – hervorragend gelungen. Nie sei man in die roten Zahlen geraten, wird im Hause Oetker stolz vermerkt.

Dennoch haftet dem Familienunternehmen Oetker immer noch etwas Gediegenes, Traditionsbewußtes an. Die Tage des Firmengründers sind zwar schon lange vorbei, aber in der Bielefelder Unternehmenszentrale noch immer sehr präsent. Und davon zeugt nicht nur der „Hellkopf“, den schon der Urgroßvater zum Markenzeichen wählte und der bis heute fast unverändert blieb.

Vom Pulvermischen in der Apotheke

Die Gründerjahre nennt man die Zeit der wirtschaftlichen Expansion und des Innovationsschubs, die Deutschland zwischen 1870 und 1890 erfuhr, also nach dem Friedensschluß mit Frankreich von 1871. Von der biedermeierlichen Beschaulichkeit des frühen 19. Jahrhunderts war im Kaiserreich nichts geblieben.
Nach dem Deutsch-Französischen Krieg 1870/71, den die deutschen Truppen für sich entschieden, wurde der Nachbar Frankreich zu Reparationszahlungen in Höhe von fünf Milliarden Francs verpflichtet. Die süddeutschen Staaten und der Norddeutsche Bund, bislang politisch uneinig, hatten in diesem Krieg Seite an Seite gekämpft. Das dadurch entstandene Zusammengehörigkeitsgefühl ermöglichte nun endlich die Gründung eines gemeinsamen Staates. Sämtliche deutschen Klein- und Mittelstaaten sowie freien Städte schlossen sich unter Führung des preußischen Königs Wilhelm zum Deutschen Reich zusammen. Im Januar 1871

wurde Wilhelm im Spiegelsaal von Schloß Versailles zum ersten Deutschen Kaiser proklamiert.

Die Reichsgründung, als deren Folge die bisherigen Zollschranken weitgehend fielen, war ein wichtiger Impuls für den unglaublichen wirtschaftlichen Aufschwung in Deutschland. Ein weiterer Impuls war die Geldschwemme, die durch die französische Kriegsentschädigung plötzlich in Deutschland herrschte. Einzelne profilierte Persönlichkeiten, die ihrer Zeit weit voraus waren – zum Beispiel Gottlieb Daimler – gründeten nun Unternehmen, die auf neuen technischen und industriellen Entwicklungen basierten. Ganze Industriezweige entstanden neu; besonders rasch expandierten die Maschinen-, Elektro-, Stahl- und Chemieindustrie. Doch auch in den anderen Branchen herrschte eine zuvor nie dagewesene Wachstumseuphorie. Jetzt erst kam die industrielle Revolution zum eigentlichen Durchbruch.
Das Wachstum erfuhr einen erheblichen Dämpfer durch die große Depression des Jahres 1873. Die industrielle Überproduktion der letzten beiden Jahre hatte eine Wirtschaftskrise hervorgerufen, die sich in einem Börsenkrach in ganz Deutschland niederschlug. Konkurse waren an der Tagesordnung, und wirtschaftliche Unsicherheit breitete sich aus. Doch durch den enormen Leistungswillen des neuen Bürgertums stieg die Produktion in den folgenden Jahren weiter an.

August Oetker, Gründer des nach ihm benannten Familienunternehmens, gilt als eine der eigenwilligsten und markantesten Persönlichkeiten unter den Wirtschaftspionieren der Gründerzeit. Geboren im Januar 1862, erfuhr er gerade in den Zeiten des steilen wirtschaftlichen Aufschwungs und der großen politischen Veränderungen in Deutschland seine Erziehung und Berufsausbildung. Diese Erfahrungen haben ihn sicherlich stark geprägt. Wie etliche seiner Zeitgenossen erwies August Oetker sich als erfinderischer und äußerst ideenreicher Geist, der sich den immer wieder veränderten Verhältnissen rasch und klug anzupassen wußte. „Das Leben Dr. August Oetkers war das eines Erfolgreichen, den das Schicksal nicht schonte und dem auch harte Rückschläge nicht erspart blieben", heißt es dazu in einer Chronik des Hauses Oetker. Auf der Basis einer einzigen Idee gründete er ein florierendes Unternehmen, das ihm einen völlig neuen Markt eröffnete.

August Adolph Oetker wurde am 6. Januar 1862 in Obernkirchen geboren, einem kleinen Ort im damals nordwestfälischen Fürstentum Schaumburg-Lippe. Das Geburtshaus in der heutigen Friedrich-Ebert-Str. 1 steht noch. Die ehemalige Grafschaft der Herrscherfamilie von Lippe-Bückeburg gehört heute zu Niedersachsen. Obernkirchen hatte zu der Zeit an die 2800 Einwohner, die hauptsächlich von der Glasfabrikation und der Arbeit in Steinbrüchen und Kohlengruben lebten. Neun Jahre später, bei der Gründung des Deutschen Reiches, schlug man Obernkirchen zum preußischen Regierungsbezirk Kassel.
Augusts Vater, der Bäckermeister August Adolf Oetker, hatte Bertha Westphal, die Tochter eines Kasseler Rechtsanwalts, geheiratet. Während Augusts Mutter durch ihre kluge, zurückhaltende Natur respektein-

flößend wirkte, wird der Bäckermeister als weltoffene, eher derbe und umgängliche Natur geschildert. Seine Vorfahren stammten von Bauern ab, die in der niedersächsischen Ortschaft Wiedensahl lebten – sie lassen sich dort bis ins 16. Jahrhundert zurückverfolgen als das bäuerliche Geschlecht des Ottokar. Gemeinsam besaßen August Adolf und Bertha Oetker in Obernkirchen nicht nur eine Bäckerei, sondern auch ein bäuerliches Anwesen. Ein gewisser Wohlstand scheint vorhanden gewesen zu sein, denn sie hatten einige Dienstboten eingestellt und besaßen sogar ein Klavier, auf dem die Kinder Unterricht erhielten.

1862

In Preußen wird der Landtag aufgelöst und mit liberaler Mehrheit neu gewählt. König Wilhelm I. ernennt Bismarck zum Ministerpräsidenten und begegnet so Forderungen nach seiner Abdankung.

August war das älteste von zehn Kindern, doch drei von ihnen starben bereits im Kindesalter. Es blieben ihm vier Brüder und zwei Schwestern. Obwohl die Familie nicht eben reich war, brachten die Eltern die nötigen Mittel auf, um ihren begabten Ältesten zunächst die Bürgerschule in Obernkirchen besuchen zu lassen. Wegen seines Fleißes, seiner raschen Auffassungsgabe und guten Erfolgs durfte August anschließend das Gymnasium in der etwa sechs Kilometer entfernten Haupt- und Residenzstadt Bückeburg besuchen. Daß eine solche Ausbildung als Privileg und Lohn für hervorragende Leistungen gelten darf, ergibt sich schon daraus, daß nicht allen Geschwistern Augusts diese recht kostspielige Ausbildung ermöglicht wurde. Zumal es für die Eltern sicher schwer war, die sich an die Lehre anschließenden Studienjahre in Berlin und Freiburg im Breisgau zu finanzieren.

Der zweitälteste Sohn Albert machte zunächst eine Bäckerlehre beim Vater, bevor er bei seinem Onkel Louis C. Oetker, der eine florierende Konditorei und Marzipanfabrik in der bedeutenden Handelsstadt Altona bei Hamburg besaß, arbeitete. Dort stieg er zunächst zum Teilhaber und schließlich zum alleinigen Inhaber auf. Auch der viertälteste Sohn Karl machte eine Lehre beim Vater, eröffnete dann ein eigenes Geschäft in Altona und arbeitete später bei seinem Bruder Albert in Altona. Der drittälteste Sohn Louis hingegen war nach einer Kaufmannslehre zunächst bei Albert Oetker, seinem „vornehmen Onkel Kommerzienrat aus Krefeld" tätig, dem eine Seidenfabrik gehörte. Dieser war als einziger von vier Brüdern nicht in der Nahrungsmittelbranche tätig. Louis holte später sein „Einjährigenzeugnis" nach und trat schließlich 1906 in die Firma seines Bruders August Oetker in Bielefeld ein. Der jüngste von Augusts Brüdern war Eduard Oetker, Zwillingsbruder von Helene. Er schloß eine Apothekerlehre bei seinem Bruder August in der Bielefelder Obernstraße ab und stieg nach seiner Promotion im Fach Chemie 1904 als Leiter des Laboratoriums im Unternehmen des Bruders ein. Allen fünf Brüdern gleichermaßen war, so wird es geschildert, ein mehr oder weniger stark ausgeprägtes Streben nach Selbständigkeit zu eigen. Typisch für das Unternehmertum der damaligen Zeit war eine starke Familienbindung. So war es auch in der Familie Oetker üblich, die Ausbildung im Betrieb oder Geschäft eines Verwandten zu absolvieren, als Teilhaber in einen Familienbetrieb einzusteigen und das Unternehmen im Todesfall in der Familie weiterzuvererben. Verwandten in führender

Position konnte man vertrauen, zumal eine enge gegenseitige Verbundenheit oder gar Abhängigkeit herrschte.

Um 1875 waren Bückeburg und Stadthagen die beiden einzigen Städte im damaligen Fürstentum Schaumburg-Lippe. Im niedersächsischen Bückeburg, nahe der westfälischen Grenze am nördlichen Fuß des Wesergebirges gelegen, besuchte August das Gymnasium Adolfinum; er war dort bei Müller Dohme untergebracht worden. In dem 4000 Einwohner zählenden Städtchen machte er Ende September 1878 das Abitur. Daran schloß der Sechzehnjährige sofort eine Ausbildung zum Apotheker an, die er in der Stadthagener Rathsapotheke bei Dr. Ernst Brackebusch absolvierte. Den langen Weg von Obernkirchen dorthin, immerhin acht Kilometer, legte August zweimal täglich zu Fuß zurück. Trotzdem war der fleißige Lehrling stets als erster am Arbeitsplatz und verließ diesen abends meist als letzter. Die Legende besagt, daß August Oetker dort oft den Autor und Humoristen Wilhelm Busch als Kunden bediente und daß beide sich gut verstanden – doch ob etwas Wahres daran ist und ob etwa Wilhelm Busch wirklich den „Aptekereiproviser“ in einem seiner Gedichte porträtierte, läßt sich heute nicht mehr feststellen.

Die Ausbildung zum Apotheker bestand auch damals schon aus zwei Teilen. Nach einer Apothekerlehre von drei bis vier Jahren war zunächst eine Gehilfenprüfung zu bestehen. In ihr hatte man besonders seine Fähigkeit, Arzneimittel zu mischen, unter Beweis zu stellen. Nach einer anschließenden „Konditionszeit“ von drei

Die ersten Pulverchen werden hier gemischt: Aschoffsche Apotheke in Bielefeld

Jahren (einer Art von Gesellenjahren) war schließlich noch ein dreisemestriger Besuch der Universität zu absolvieren. Mit der abschließenden Staatsprüfung erlangte der Apotheker dann seine „Approbation" und durfte eine Apotheke übernehmen. Die Gründung einer neuen Apotheke bedurfte jedoch einer besonderen Genehmigung.

August Oetker schloß seine Apothekerlehre im März 1882 ab. Der Zwanzigjährige arbeitete zu Beginn seiner Konditionszeit, von März bis Oktober 1882, als Aushilfe in der Apotheke Münch in Langen bei Offenbach. In welchen Städten er dann noch seine zwei weiteren Gehilfenjahre verbrachte, läßt sich heute nicht mehr rekonstruieren. Unter anderem kam er, wohl im Jahr 1884, nach Hanau am Main. Diese Stadt war aus zwei Gründen für den Werdegang des jungen Mannes von großer Bedeutung: Zum einen stellte er erste Kontakte zu einem Berufszweig her, in dem er sich in Berlin – nach Studium und Promotion – versuchen würde: Bei der Firma W. Heraeus, die Einrichtungsgegenstände für Apotheken und chemische Fabriken herstellte, war Oetker eine Zeitlang im Labor und in der Platinschmelze tätig. Zum anderen lernte er bereits in den ersten Hanauer Tagen seine spätere Frau kennen. Der Inhaber der Firma Heraeus machte Oetker nämlich mit der Witwe Jacobi bekannt, die ein Textilgeschäft in der Stadt führte. Der junge Praktikant bezog Quartier bei ihr und lernte dadurch ihre Tochter Caroline (Lina) Jacobi näher kennen, die er schließlich einige Jahre später heiratete.

1884

Deutschland baut seine Stellung als Kolonialmacht aus. In Südwestafrika, Kamerun, Togo und Ostafrika werden deutsche „Schutzgebiete" gegründet, ebenso im pazifischen Raum.

Seinen einjährigen freiwilligen Militärdienst absolvierte August Oetker wohl auch deswegen in Hanau, um in Carolines Nähe zu bleiben. Im Rang eines Reserveoffiziers verließ er im Oktober 1885 das Militär.

Noch im gleichen Jahr zog August Oetker nach Berlin, um ein Studium der Naturwissenschaften zu beginnen, was den Abschluß seiner Berufsausbildung bedeutete. Er blieb vier Semester, also eines länger, als für den Apothekerberuf vorgeschrieben. Sein Abschlußexamen bestand er im Juni 1887 mit dem Prädikat „sehr gut". Doch bevor er ins Berufsleben einstieg und eine eigene Familie gründete, wechselte er noch einmal den Wohnort, um in der traditionsreichen Universitätsstadt Freiburg im Breisgau Botanik zu studieren. 1888 promovierte er zum Dr. phil. mit dem Thema: „Zeigt der Pollen in den Unterabteilungen der Pflanzen-Familien charakteristische Unterschiede?" Hätte Oetker „nur" Apotheker werden und bleiben wollen, wäre ihm wohl der in Berlin erlangte Studienabschluß als ausreichend erschienen. Doch Oetker war fleißig, ehrgeizig, von schneller Auffassungsgabe und talentiert, und sein Streben nach breiter Bildung (und einem Titel) deutete schon auf größere berufliche Pläne hin. Dazu paßt auch, daß er schon während seiner Gesellenjahre gesagt haben soll: „Habe ich erst mein Ziel, den Erwerb einer Apotheke, erreicht, werde ich versuchen, noch etwas ganz Besonderes zu schaffen." Zudem kann man wohl angesichts des Vermögens seiner zukünftigen Schwiegermutter davon ausgehen, daß „von dem Verlobten erwartet wurde, er werde zum mindesten den akademischen Grad in die Ehe mitbringen."

Im März 1889 war es endlich soweit: August Oetker, inzwischen 27 Jahre alt, vermählte sich mit Caroline Jacobi. Die junge Frau war eine starke, kluge Persönlichkeit und von großer Ausstrahlung. Sie war es auch, die später – nach dem frühen Tod ihres Gatten 1918 – mit Umsicht das bis dahin aufgebaute Unternehmen erhalten und weiter ausbauen konnte. Das junge Paar zog nach Berlin um, wo August Oetker Teilhaber eines Unternehmens wurde, das Einrichtungen für chemische Fabriken und Apotheken vertrieb, unter anderem auch von der Hanauer Firma Heraeus. Gegen Ende des Jahres 1889, am 17. November, wurde in Charlottenburg unweit von Berlin, wo Oetkers mittlerweile lebten, das erste Kind der beiden geboren. August und Lina gaben ihrem Sohn den Namen Rudolf. Das zweite Kind war eine Tochter, deren Name und weiteres Schicksal heute jedoch nicht mehr feststellbar sind.
Das Einrichtungsunternehmen brachte für alle drei Teilhaber nur Verluste, über deren Höhe nichts Näheres bekannt ist. So stieg August Oetker wieder aus diesem Geschäft aus. Sicher war der erste berufliche Mißerfolg für August Oetker nur schwer zu verkraften angesichts der vielen Familienmitglieder, die erfolgreiche Geschäftsleute und Unternehmer waren.

Als sich Oetker die Möglichkeit eröffnete, in seiner Heimat Westfalen günstig eine Apotheke zu übernehmen, entschloß er sich rasch dazu. Mit der finanziellen Unterstützung seiner Schwiegermutter sowie einer Hypothek erwarb er die Aschoffsche Apotheke im Zentrum Bielefelds, gegenüber der Altstädter Nicolai-Kirche. Die Stadt am Fuß des Teutoburger Waldes hatte um 1890 etwa 44.000 Einwohner. Es war vor allem durch seine hervorragende Leinenindustrie, aber auch die Produktion von Seide, Nähmaschinen, Feilen, Fahrrädern und Likören eine aufstrebende Provinzstadt. Ein reger Warenexport herrschte nach Italien, Spanien und Rußland, sogar nach Nord- und Südamerika sowie Westindien. Die an Handelstraditionen reiche, wohlhabende Stadt bot demnach eine ausreichende, gutbürgerliche Kundschaft für Oetkers zahlreiche neuentwickelte Produkte, die ab 1891 in der Apotheke vertrieben und vom Marktstrategen Oetker zugleich intensiv in der Tagespresse beworben wurden.

„Qualität ist das beste Rezept"

Die Aschoffsche Apotheke in der Niedernstraße eröffnete offiziell am 1. Januar 1891; dieses Datum gilt daher als Gründungsdatum des Hauses Oetker. Oetker übernahm von seinem Vorgänger Apotheker Saal die Herstellung von Arzneimitteln und von Mineralwasser, was beides ausschließlich den Apothekern vorbehalten war.

„Den Schwerpunkt in meiner Apotheke lege ich auf die Darstellung bester Arzneimittel. Ich betrachte es als Ehrensache, daß jedes Präparat, welches ich abgebe, den höchstgestellten Anforderungen vollkommen entspricht" – so äußerte sich August Oetker über seine beruflichen Grundsätze. Dieses Qualitätsbewußtsein – der Qualitätsgedanke ist bis heute der wichtigste Pfeiler der Produktpolitik des Hauses Oetker – und eine ausgeklügelte, verbraucherorientierte Werbung trugen ihren Teil dazu bei, daß seine in den folgenden Jahren entwickelten Artikel reißenden Absatz fanden. Selbstbewußt wies er darauf hin, daß sie von ihm als „einzigem Fabrikanten des Continents" hergestellt würden.

Oetker stattete sein Apotheken-Laboratorium reich aus und setzte nun alles daran, neue Produkte auf den Markt zu bringen. Zum einen mag eine ihm angeborene Forscherlust daran Anteil gehabt haben, zum anderen sein bereits erwähntes Streben nach „etwas ganz Besonderem", wenn erst einmal eine Apotheke in seinem Besitz wäre. Zudem war damals der Verdienst eines Apothekers nicht sehr hoch, weil die Kosten zur Anschaffung der nur begrenzt haltbaren Arzneimittel und Rohstoffe ganz beachtlich waren. So konnten eher die neu entwickelten Produkte als Arzneien der Apotheke mehr Kundschaft und damit einen höheren Umsatz bringen. Mit seinen geheimen Forschungen und Tüfteleien war Oetker in einem zwei mal zwei Meter kleinen Hinterzimmerchen, auf gut Bielefelderisch „Butze" genannt, beschäftigt. Zutritt hatte außer ihm selbst nur seine Ehefrau Caroline. Bereits 1891, im Gründungsjahr des Unternehmens, bot Oetker sechs neu entwickelte Produkte aus eigener Herstellung an: medizinische Weine, Sanitätskakao, Fußcreme, Warzentinktur und Schönheitsmittelchen.

1891

In Deutschland wird ein neues Einkommenssteuergesetz verabschiedet. Es basiert auf dem progressiven System, das kleinere Einkommen begünstigt und höhere Einkommen prozentual stärker belastet.

Doch zum großen Verkaufserfolg wurde schließlich Oetkers Backpulver, das er ebenfalls ab 1891 verkaufte. Daß er sich mit einem Treibmittel zur Kuchenherstellung befaßte, hat zum einen mit seiner Herkunft aus einer Bäckermeisterfamilie zu tun – als Jugendlicher war er seinem Vater oft in der Backstube zur Hand gegangen und kannte sich mit den Schwierigkeiten beim Backen aus. Einfaches Natron und Cremor tartari (gereinigter Weinstein), die bisher als Backhilfen verwendet worden waren, brachten nämlich erhebliche Nachteile mit sich. Unter anderem hinterließ jedes herkömmliche Backtriebmittel einen gewissen Eigengeschmack im Gebäck. Zum anderen war es eine geradezu geniale Idee, Chemie im Bereich der Nahrungsmittel einzusetzen – ein völlig neuer Industriezweig sollte daraus entstehen.

Das Backpulver war jedoch keine eigene Erfindung Oetkers. Justus Liebig, Chemieprofessor in München und Gießen, hatte bereits neben der Mineraldüngung – einer bahnbrechenden Entdeckung, die eine stärkere Nutzung der Ackerflächen ermöglichte – in den sechziger Jahren des 19. Jahrhunderts das Backpulver zum Lockern von Teig erfunden. Es wurde unter der Bezeichnung „Liebigs selbsttätiges Backmehl" noch immer verkauft, war jedoch teuer und vertrug keine Lagerung. Knapp zwanzig Jahre nach Liebigs Tod entwickelte nun August Oetker die Rezeptur weiter. Zwei Jahre lang experimentierte er wissenschaftlich und testete sein Backpulver in etlichen „Backversuchen" bei der nahegelegenen Bielefelder Bäckerei Müller in der Obernstraße. „Meist brachte Dr. August Oetker drei bis vier Papierbeutel mit, die er sorgsam in seinen Taschen verwahrte. ... Er stand ständig selbst dabei und überwachte argwöhnisch jeden Handgriff", erzählte Jahrzehnte später der damals anwesende Geselle, der spätere Bäckermeister Eduard Müller. Bis 1892 setzte Oetker die Versuche hier fort, dann stellte er die Backproben nur noch zu Hause in der eigenen Küche an, unterstützt von seiner Frau Caroline. Erst 1893 gelang ihm die ideale Backpulvermischung, die „ohne Fehlzündung“ funktionierte, wie er es ausdrückte – er nannte die Mischung „Backin“. Sie war haltbar, beeinträchtigte den Geschmack des Gebäcks nicht, sondern beeinflußte ihn positiv, mit ihr entstand in jedem Fall ein lockerer, aufgegangener Kuchen, und das Backverfahren wurde stark verkürzt. August Oetker schuf mit „Backin“, wohl ohne es zu ahnen, einen der ersten Markenartikel überhaupt.

Oetker wurde wegen seines „Tütenkrams“ zunächst von seinen Standesgenossen verspottet, doch der rasch anschnellende Umsatz gab dem Jungunternehmer darin recht, daß auch mit kleinen Tütchen großes Geld zu machen sei. Oetker machte kräftig mündliche Werbung für sein neues Produkt, verteilte gelegentlich Proben und selbstverfaßte Backrezepte. Das zeigte Wirkung. Innerhalb kürzester Zeit verkaufte sich sein Backpulver so gut, daß eine Ganztagskraft angestellt werden konnte, die ausschließlich mit dem Abfüllen des Pulvers in Tütchen beschäftigt war. Kurze Zeit später belieferte Oetker bereits etliche Kolonialwarenhandlungen in und um Bielefeld mit seinem Backpulver zum Einzelverkauf. Doch August Oetker ahnte zu der Zeit wohl nicht, daß sein Backpulver in wenigen Jahren reißenden Absatz finden und zu der Entstehung eines ganzen Unternehmens führen würde. So experimentierte er weiter und erfand zu jener Zeit noch einige andere Präparate sowie Kosmetikartikel.

Ab 1894 entwickelte er „Vanillin", einen Vanillezucker zum Würzen von Desserts und Gebäck, eine „Einsiede-Hilfe" aus reiner Salizylsäure und eine „Gelier-Hilfe". Ebenfalls seit 1894 vertrieb Oetker Puddingpulver in verschiedenen Geschmacksrichtungen, unter anderem Vanille, „Chocolade", Mandel und Ananas. 1898 kamen „Gustin", eine Kindernahrung aus reiner Speisestärke (der Name lehnte sich an Oetkers Vornamen August an), sowie Zitronen-Backöl in 5-Gramm-Fläschchen hinzu. Alle Produkte wurden in kleinen Dosierungen zum fertigen Küchengebrauch verkauft. Was heute so alltäglich scheint, war damals etwas ganz Besonderes: Süßspeisen waren teuer; es gab sie nur an Festtagen und in besseren Kreisen. Erst Oetkers Erfindung machte sie für jedermann erschwinglich.

Nach weiteren zwei Jahren wurde das Backpulver auch im umliegenden Münster- und Lippeland verkauft: in Detmold, Osnabrück, Minden und Münster. 1898 setzte eine enorme Nachfrage nach der Speisestärke Gustin, dem „besten deutschen Speisen-Mehl", ein. Nun waren die Räumlichkeiten hinter der Apotheke eigentlich schon zu klein geworden. Doch als klug disponierender Geschäftsmann sorgte Oetker erst einmal dafür, daß sein Unternehmen schuldenfrei lief, bevor er an einen Neubau dachte. So drängten sich im Jahr 1900 schließlich 21 Mädchen zur Produktion in der Apotheke und den dahinter liegenden Räumen, in der darüber befindlichen Privatwohnung sowie im Kellergeschoß eines benachbarten Hauses. Die Familie Oetker hatte wegen des Platzmangels 1898

1895

Wilhelm II. eröffnet den Kaiser-Wilhelm-Kanal, der den Schiffen den Umweg über Kattegat und Skagerrak erspart und damit auch die Bedeutung der deutschen Marine stärkt.

ihre Wohnung geräumt und eine Wohnung auf dem schön gelegenen Johannisberg bezogen. Im Keller der Apotheke lief bereits seit 1894 eine Mischmaschine, die 30 Kilogramm Pulver pro Tag bewältigte. Sie mußte für jede Pulvermischung über eine Stunde lang von Hand betrieben werden. So konnten 1894 600.000 Päckchen Back- und Puddingpulver, Einmachhilfe und Vanillinzucker produziert werden, ein Jahr später waren es 800.000, 1896 war eine Million erreicht und 1899 zwei Millionen.

Werbung ist der Weg zum Erfolg

August Oetker war ein innovativer Kopf, der schon früh die Qualitäten eines Marketing-Managers erkennen ließ. Mit der völlig neuen Idee einer systematischen, breitgefächerten Werbung, mit geschulten Verkäufern, festen Endverkaufspreisen und einem besonderen Interesse an den Wünschen der Hausfrau – der Frühform der Marktforschung – eroberte er in wenigen Jahren den Markt im Süßspeisen- und Dessertbereich.

Mit seinem Einfallsreichtum war August Oetker seiner Zeit um einiges voraus. So verkaufte er sein „Backin" nicht mehr in großen Dosen oder Pfundtüten, wie bisher üblich, sondern in handlichen Portionen. Das Pulver pro Papiertütchen war ganz genau für ein Pfund Mehl, das heißt für einen Sonntagskuchen berechnet. Der Preis von zehn Reichspfennig pro Tütchen wurde für den Einzelhändler verbindlich festgesetzt und lange Jahre hindurch beibehalten. Der Festpreis war, ange-

Die Waren präsentieren, damit sie die Käuferin ansprechen: Regal mit Oetker-Produkten

sichts der schwankenden Rohstoffpreise, durchaus mit unternehmerischem Risiko verbunden. Zwar waren zehn Pfennig damals viel Geld, doch Oetker konnte der Hausfrau dafür „gutes Gelingen“ garantieren. Es gab also keinen Ausschuß oder Mißerfolge, denn jeder Kuchen geriet gleich gut.
Eine weitere Strategie Oetkers war es von Anfang an, den Produkten gute Rezepte beizugeben. So fand die Kundin beim Backpulver als erstes ein Sandtorten- und ein Gugelhupf-Rezept. Viele weitere Back- und Kochanleitungen folgten, die Oetker zum Teil selbst verfaßt und getestet hatte; daneben hatte er ältere Rezepte überarbeitet und vereinfacht. Sie rieten natürlich auch zur Verwendung von Dr. Oetkers Produkten. Die Rezepte wurden in Büchern gesammelt und diese zu Werbezwecken gemeinsam mit einem Probetütchen „Backin“ verschenkt. Bis 1900 waren von insgesamt vier Kochbüchern bereits 600.000 Exemplare kostenlos verteilt worden, wie Oetker in einem Inserat anzeigte: „Dr. A. Oetker, Grundlagen der Kochkunst, 200000 Exemplare; Frau Dr. H. Engelken, Bewährte Rezepte, 100000 Exemplare; Frau Oberstabsarzt Dr. R., Gustin und seine Verwendung für Puddings usw., 200000 Exemplare; Frau Professor Dr. L. Holle, Rezepte zu Milchspeisen, besonders für Kinder, 100000 Exemplare.“

Der besondere Renner wurde *Dr. Oetkers Schulkochbuch*, das fast in jedem deutschen Haushalt zu finden sein dürfte. Von der Haushaltslehrerin E. Henneking verfaßt, konnte bereits 1911, im Jahr des Erscheinens, eine zweite Auflage von einer Million Büchern gedruckt werden.

Oetkers besondere Begabung lag im Abfassen von Rezepten, Broschüren und Werbetexten. In diesem Bereich betätigte er sich ausgesprochen gerne. Nachdem Oetkers medizinische Ratschläge bei seinen Kunden recht gefragt waren und ihm immer wieder dieselben Fragen gestellt wurden, entschloß er sich bereits 1891, einen „Almanach für Kranke" abzufassen, in dem die Kunden Antworten auf ihre Fragen finden konnten. In dem umfangreichen Almanach wurden Produkte und Medikamente erläutert sowie Oetkers medizinische Ratschläge leicht verständlich zusammengefaßt. Oetker trat darin gängigen Vorurteilen entgegen, erklärte den Sinn von Zahn- und Körperpflege und warnte davor, Geld für nutzlose Mittel auszugeben, die ewige Schönheit oder das Nachwachsen einmal verlorener Haupthaare versprachen. Sein Backpulver findet sich darin in kurioser Gemeinschaft mit Äther, Alkohol, Arrow-Root für Kindersuppen und Insektenpulver. Das Bändchen im Oktavformat umfaßte bereits in der ersten Auflage 139 Seiten. Er verteilte es, wie die Kochbücher auch, an seine Kundinnen – eine völlig neuartige Idee, die wesentlich zum Bekanntwerden der ständig wachsenden Zahl von Oetker-Produkten beitrug.

1906

Gertrud Bäumer und Helene Lange schließen mit dem fünften Band ihr „Handbuch der Frauenbewegung" ab, das eine grundsätzliche Gesellschaftsänderung zu Gunsten der Frauen fordert.

Eine Fortsetzung des Almanachs stellte schließlich die „Dr. Oetker Warenkunde" dar. 1914 erstmals erschienen, sollte sie in erster Linie dem Lebensmittelkaufmann dienen, sich in dem auch damals schon verwirrend umfangreichen Sortiment einheimischer und exotischer Waren zurechtzufinden. Doch auch Hausfrauen wußten bald das bewährte

Nachschlagewerk zu schätzen, in dem von Grundnahrungsmitteln bis hin zu Dr.Oetker-Produkten, von Stoffen über Papier bis hin zu Konservierungsmitteln und Erläuterungen lebensmittelrechtlicher Fragen alles zu finden war, was auch nur im entferntesten mit Ernährung zu tun hatte.

Auch immer an die Benachteiligten denken: Oetkers „Almanach für Kranke“

Neben diesen Werbeträgern ersann Oetker noch eine andere Methode, möglichst viele Hausfrauen anzusprechen: Er inserierte in etlichen Zeitungen und Zeitschriften; zunächst in Bielefeld, dann im ganzen Reichsgebiet: „[...] kein maßgebendes, illustriertes Blatt soll ohne Inserate bleiben, keine Lokalzeitung ohne laufende Annoncen." In diesen Anzeigen gab es Preisausschreiben, die Kochbücher und Gratisproben als Gewinne aussetzten, sowie Coupons zum Ausschneiden, für die man Kochbücher erhielt. Zunächst waren die Anzeigen nur etwas größer als Briefmarken, doch bereits fünf Jahre später konnte sich Oetker grafisch schön gestaltete Großanzeigen leisten. Broschüren und Prospekte gelangten in astronomisch hohen Zahlen in Umlauf: Bis 1906 sollen angeblich zehn Millionen Broschüren und sogar 50 Millionen Prospekte an Hausfrauen verteilt worden sein.
Mit dem eingängigen Werbeslogan „Ein heller Kopf nimmt stets Dr. Oetkers Fabrikate" warb Oetker in Inseraten, Prospekten und auf Plakaten für seine Markenartikel. Jahreszeitlich gesteuert erschienen vor Festtagen mehr Anzeigen, während die Werbung kurz nach den Feiertagen fast ganz eingestellt wurde. 1891 war bereits die erste Anzeige für Backpulver im *Bielefelder Tageblatt* erschienen. In den folgenden Jahren ging eine wahre Werbeflut auf die Hausfrauen nieder, die ihre Wirkung nicht verfehlte. Ab 1894 nahm Oetker Puddingpulver, Vanillin und „Einmachehülfe" und ab 1898 Gustin in seine Zeitungs- und Plakatwerbung auf und ließ aufwendig gestaltete, informative Broschüren drucken. In den Annoncen, die er gezielt in Frauenzeitschriften und frauenspezifischen Zeitungsrubriken pla-

zierte, hob Oetker von Anfang an die erstklassige Qualität der Produkte hervor. Bereits in seiner ersten Broschüre hatte Oetker selbstbewußt vermerkt: „Für reine Qualitäten leiste ich volle Gewähr." Eine weitere Konstante war die Nennung der eindrucksvollen Zahl der bisher verkauften Tütchen – die Quantität bestätigte die Qualität. Doch diese Großoffensive an Zeitungs- und Zeitschriftenwerbung genügte dem einfallsreichen Mann noch nicht. Um im ganzen Land bekannt zu werden, beteiligte sich Oetker auch an großen Ausstellungen. Der Erfolg ließ nicht lange auf sich warten: Bei der Berliner Kochkunstausstellung des Jahres 1896 erhielt er für seinen Verkaufsschlager Backin eine „Goldene Medaille", ebenso für weitere Produkte bei der Hamburger Kochausstellung 1898. Die Kaiserin Augusta Victoria persönlich ließ sich Oetkers Produkte vorführen und erklären. Abbildungen der Goldmedaillen wiederum schmückten Oetkers Zeitungsannoncen.

Woher stammten Oetkers äußerst wirksame Werbeideen? Zunächst hatte er eingehend die englische und amerikanische Zeitungs- und Magazinwerbung studiert und aus ihr einige Ideen bezogen, besonders was die textliche Klarheit und Kürze anbelangte. „Je kürzer – ja einfältiger so etwas ist, desto besser wirkt es", war die Erkenntnis, die er daraus zog und gekonnt umsetzte. Dann ging er gezielt auf die Hausfrau und potentielle Kundin ein: In Gesprächen hatte er ihre Wünsche erfahren, setzte diese um und bezog sich in der Werbung stark darauf.

Die gleichbleibend hohe Qualität, die sogenannte „Geling-Garantie", und die ständige Verfügbarkeit der

Ware zum stets gleichen Preis kristallisierten sich als die Punkte heraus, die den Hausfrauen am wichtigsten waren. Damit konnte man das Vertrauen der Hausfrauen und diese dadurch als Stammkundinnen gewinnen. An der Erfüllung dieser Kriterien arbeitete Oetker in der Folge.
Verläßliche Qualität, ständige Verfügbarkeit und fester Preis – diese Hauptmerkmale seiner Waren, die auch die Kennzeichen eines Markenartikels sind, strich Oetker stets heraus. Auch gab er all seinen Kreationen eigene Namen: Gustin, Backin, Vanillin oder Gala sind wohl Namen, die heutzutage jedem geläufig sind. Mit den genannten Kriterien war Oetker – gemeinsam mit Lingner für „Odol" oder Henkel für „Persil" – ein Vorreiter im Markenartikel-Bereich. Nur zu logisch erscheint es daher, daß er am 3. Oktober 1903 zu den Gründern des „Verbandes der Fabrikanten von Markenartikeln" gehörte, dem er wichtige Impulse gab.

Eine straff organisierte, psychologisch geschulte Verkäufertruppe war im ganzen Reich unterwegs, um die Vorzüge der Oetkerschen Qualitätsprodukte anzupreisen und sie in Großpackungen zu vertreiben. Zunächst waren die Beutel in Kartons von „hoch künstlerischer Ausstattung", später in Eichenholzkisten untergebracht; bei Abnahme von großen Mengen erhielt der Einzelhändler schließlich einen jener stabilen Kunstlederkoffer dazu, die sich so großer Beliebtheit erfreuten. Von Anfang an setzte August Oetker sich und seinen Außendienstmitarbeitern eine nahezu hundertprozentige Distribution zum Ziel: „Meine Artikel müssen im Jahre 1907 in allen Geschäften vorrätig sein. Das ist das

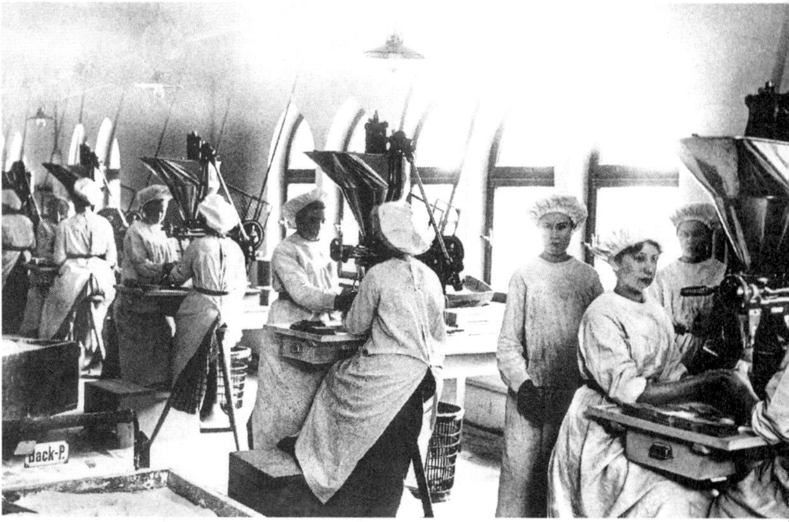

Die Fertigung wird rationalisiert: Arbeiterinnen bei Oetker

Ziel, zu dem zu streben ist! Dieses Ziel kann erreicht werden, wenn sich jeder Vertreter, ohne Ausnahme, energisch dem Verkauf dieser Kartons widmet ..." Überall sollten die Oetker-Produkte erhältlich sein; keine Hausfrau sollte, wie öfter schon in Briefen an Oetker geschehen, klagen müssen, weil seine Produkte in ihrer Nähe einfach nicht zu bekommen waren. Eigenhändig stellte Oetker Listen mit Adressen von Köchinnen, Hausfrauen, Lebensmittelhändlern, Erziehungsanstalten, Haushaltungsschulen, Frauen- und Konsumvereinen, Ärzten und Hebammen zusammen, die seine Vertreter aufzusuchen hatten.
Die Verkäufer wurden von Oetker persönlich per Brief über Werbung und Verkaufspsychologie instruiert, und er ermahnte sie, die Verkäufe stetig zu steigern. Den Händlern gegenüber sollten sie nicht nur die erstklassi-

Der Hellkopf entwickelt sich: frühe Produkte mit dem charakteristischen Markenzeichen

Dr Oetker's
BACK-PULVER
PUDDING-PULVER
sind doch
die Besten
MAN VERLANGE
„ECHT OETKER“

Dr OETKER'S
PUDDING-PULVER

PUDDING-PULVER

Dr. Oetker's
Pudding

ge Qualität der Ware und die Bekanntheit des Namens Oetker hervorheben, sondern auch darauf hinweisen, daß die Händler selbst an den Produkten gut verdienten. Die von ihnen zu verteilenden Verkaufshelfer für den Einzelhandel hatte Oetker ebenfalls selbst entwickelt. Dazu gehörten unter anderem „Dr. Oetkers Reklame-Schreibpulte“ und Hängeregale, Schränkchen und Vitrinen, Dosen, Koffer, Blechschilder und Werbeaufsteller. Die Beutelbehältnisse und die Verkaufsständer waren anfangs aus Pappe, später aus Eichenholz oder Blech gefertigt und hübsch dekoriert. Diese Werbeidee half, den Verkauf anzukurbeln, und auch die Dosen, Schränkchen und Kunstlederkoffer fanden stets reißenden Absatz. Zu einer Zeit, da eine aufwendige Schaufensterdekoration selten war, waren die Verkaufshelfer als Schmuck natürlich sehr willkommen.

Um 1906 waren etwa fünfzehn Vertreter auf Provisionsbasis damit beschäftigt, die Oetker-Produkte bei den Einzelhändlern im ganzen Land zu vermarkten. In diesem Jahr übernahm Louis Oetker, der Bruder Augusts, die Leitung der Außentätigkeit. Nun wurden zwei „besoldete Reisende“ eingestellt, die als feste Angestellte nicht mehr nur auf Provisionsbasis arbeiteten. Doch auch als zwei Jahre später die „Reklame-Abteilung“ zu einer eigenen Werbeabteilung unter der Leitung von Eduard Ladewig umstrukturiert wurde, blieben die Werbung und die Schulung der Handlungsreisenden (einschließlich Rundbriefen an sie) weiterhin die Bereiche, um die sich August Oetker selbst intensiv kümmerte.

Die beste Werbeidee Oetkers war mit Sicherheit der „Hellkopf“. Dieses Warenzeichen hatte Oetker 1893

erfunden und auf den Papiertütchen samt seinem Namenszug abgebildet, um seine Produkte von denen anderer Hersteller zu unterscheiden. 1899 ließ Oetker nach einem ausgeschriebenen Wettbewerb den hellen Frauenkopf auf rotem Grund neu gestalten. Er erschien fortan auf jedem Produkt und in jeder Annonce, gelegentlich in der Flamme einer Fackel, in einer Fahne oder auf einem Napfkuchen. Manchmal in runder, manchmal in eckiger Umrahmung, bald mit, bald ohne Zackenrand, blickte der Kopf mal nach rechts und mal nach links. Die Worte „Ein heller Kopf“ waren in die Kontur des Kopfes eingefügt. Den „Hellkopf“ ließ Oetker im Dezember 1899 beim Berliner Reichspatentamt eintragen. Damit war die Marke gesetzlich geschützt. In den folgenden Jahrzehnten geringfügig verändert, 1926 ungefähr in die heutige Form gebracht und 1956 zum letzten Mal variiert, wird dieses rote Warenzeichen immer noch – auch im Ausland – verwendet und ist seit beinahe hundert Jahren das Erkennungsmerkmal des Oetker-Konzerns. Dank seiner Bekanntheit und Beliebtheit wird es von der Konkurrenz, besonders im Bereich der Backartikel, häufig imitiert.
Neben dem Hellkopf und dem Namenszug Dr. Oetkers wurden alle Packungen noch mit dem Zusatz „Institut für Küchenchemie“ versehen – das verlieh den Produkten in den Augen der Händler und Hausfrauen ein Flair von wissenschaftlicher Erprobtheit und erster Güte. Ganz modern gestaltete der Neuem stets aufgeschlossene Dr. Oetker nicht nur den Schriftzug und das Markenzeichen seiner Produkte, sondern auch deren Verpackungen: Sie waren mit Elementen des damals aktuellen Jugendstils geschmückt.

Die Wünsche der Hausfrau erfüllen: Dr. August Oetker mit seiner Familie

Von der Apotheke zur Fabrik

Aus dem Apotheker mit Geschäftssinn und einer Nase für richtige Werbung war ein Unternehmer geworden, der sein Geschäft so gut zu betreiben verstand, daß die Produktionsräume bald nicht mehr ausreichten und er in einen Neubau umziehen mußte. Oetker hatte erkannt, daß er als Apotheker lange nicht so gute Umsätze machen konnte wie mit seinen Back- und Desserthilfen. Daher verabschiedete er sich von seinem erlernten Beruf und gab die Apotheke schließlich 1904 ganz auf.

Doch zunächst bezogen Produktion und Verwaltung im Mai 1900, als die Räume der Apotheke endgültig zu eng geworden waren, einen Neubau. Das Verpacken der Versandware beispielsweise mußte bis dahin aus Platzmangel im Hof der Apotheke, also unter freiem Himmel, stattfinden. Jedesmal, wenn Wolken aufzogen und es nach Regen aussah, eilte die ganze Belegschaft samt August Oetker persönlich herbei, um die Beutel, Kartons und Kisten in Sicherheit zu bringen. Der nun bezogene Neubau war 1899 bis 1900 im gerade eingemeindeten Ortsteil Gadderbaum am damaligen Stadtrand von Bielefeld errichtet worden. In der Lutterstraße, zwischen der Burg Sparrenberg und dem Johannisberg gelegen, waren auf einer Nutzfläche von 1800 Quadratmetern Misch- und Abfüllsäle, Kontore und Laboratorien entstanden. Auch heute noch befindet sich hier die Zentrale des Unternehmens. Bereits 1902 wurde ein zweiter Neubau nötig. In den Jahren 1906 und 1907 dehnte sich „die größte Fabrik des Continents in dieser Branche" (so Dr. Oetker) in Richtung auf die Krannenbleiche aus: Es entstand das (in seinen Grundmauern bis heute genutzte) Bürogebäude an der Ecke Lutterstraße/Scharnhorststraße, damals noch „Kontorgebäude" genannt. Nachdem Oetker schließlich 1911/12 die Produktionsstätte für Backpulver zwischen Lutterstraße und Bahnlinie hatte bauen lassen, meinte er: „Nun brauche ich nicht mehr zu bauen, das reicht für alle Zeiten." Doch bereits zwei Jahre später platzte der Betrieb wieder aus allen Nähten; das sogenannte Puddingpulvergebäude an der Scharnhorststraße wurde 1914 neu bezogen.

1907

Zum ersten Mal wird in Deutschland eine Unfallstatistik im Straßenverkehr veröffentlicht. In einem Jahr starben 143 Menschen bei Verkehrsunfällen.

In den Apothekenräumen in der Niedernstraße hatten sich zuletzt 21 Angestellte gedrängt. Mit dem ersten Fabrikneubau konnte die Zahl der Angestellten auf 40 erhöht werden. 1908 waren es 45 Angestellte, 1911 bereits 74, zusätzlich zu 157 Akkordarbeitern. Im Sommer 1914 beschäftigte Oetker insgesamt 350 Mann Per-

sonal, die Außendienstmitarbeiter auf Provisionsbasis nicht eingerechnet.
In den ersten fünf Jahren an der Lutterstraße wurde das Pulver noch per Hand abgefüllt; lediglich Mischmaschinen für die Rohstoffe standen zur Verfügung. Eine Abfüllerin wog das maschinell gemischte Pulver ab, füllte es in eine Tüte und klebte diese zu. Drei Tütchen produzierte sie pro Minute. Werkseigene Techniker entwickelten neben den Mischmaschinen auch mechanische Verpackungsanlagen, die in den firmeneigenen Werkstätten hergestellt wurden. Nur das Abfüllen in Beutel mußte nach wie vor per Hand vorgenommen werden. Erst 1906 gelang die Entwicklung einer automatischen Abfüllmaschine, mit der Oetkers Betrieb erstmals zur industriellen Fertigung überging: Diese erste Kolbenmaschine füllte durch eine Kurbeldrehung von Hand eine bestimmte Pulvermenge durch einen Trichter in die daruntergehaltene Tüte. Sie schloß und verklebte das Tütchen auch. 1908 gab es bereits sieben größere Kolbenmaschinen, die von einer Antriebsmaschine durch Transmission mittels Treibriemen in Gang gehalten wurden. Zwei Frauen steckten abwechselnd Tüten auf eine Maschine, die 1600 Beutel pro Stunde füllte.
Als nach dem Ersten Weltkrieg neue Doppelpackungen mit Puddingpulver eingeführt wurden, mußten dazu auch moderne Maschinen angeschafft werden. Während der Umstellung wurde das Pulver kurzfristig wieder mit der Hand abgefüllt. Ebenso wurden die alten Backpulvermaschinen gegen modernere eingetauscht.
Erst in den dreißiger Jahren wurde die erste Maschine für Massenverpackung („MfM“) entwickelt, die alle

Arbeitsschritte selbständig ausführen konnte. Das Personal wurde nur noch benötigt, um die Portionierung und das einwandfreie Funktionieren der Maschine zu überwachen. Die Maschine drehte sich karussellartig im Kreis und übernahm alle Arbeitsschritte von der Dosierung des Pulvers über das Füllen, Schließen und Zukleben der Beutel bis hin zum Orts- und Datumsstempel auf der Beutellasche; anschließend wurden die Beutel auf das Verpackungsband befördert. Die MfM steigerte die stündliche Produktion auf 3600 Beutel.

Wie sehr die neuentwickelten Maschinen die Produktion ankurbelten, belegen die Produktionszahlen dieser Jahre: 1905 wurden insgesamt etwa 37 Millionen Beutel verkauft, im folgenden Jahr etwa 47-50 Millionen. Bis 1909 hatte das Unternehmen insgesamt 350 Millionen Päckchen produziert. Der Renner war nach wie vor das Backpulver, mit dem 1905 und 1906 die Hälfte des gesamten Umsatzes erwirtschaftet wurde. Im Jahr 1912 wurden fast 99 Millionen Päckchen verkauft, 1916 waren es schon 225 Millionen, 1918 die bisherige Höchstzahl von 305 Millionen.

Bei einer so raschen Expansion des Unternehmens mußte sich August Oetker um geeignetes Führungspersonal kümmern, da die vielfältigen Aufgaben nicht mehr allein zu bewältigen waren. Den Gedanken an ein Familienunternehmen im Hinterkopf, nahm er, wie bereits erwähnt, seine Brüder Eduard und Louis in die Geschäftsleitung auf.

Dr. Eduard Oetker, der schon seine Lehre in der Aschoffschen Apotheke des Bruders gemacht hatte, stieg 1904 in das Unternehmen ein und übernahm das

Laboratorium sowie die technische Leitung des Betriebs. Zwei Jahre später folgte ihm sein Bruder Louis, der sich als Leiter der Außentätigkeit um den Vertrieb der Waren kümmerte und den Kontakt zu den Vertretern sowie zur Kundschaft pflegte.

Schon in den ersten Jahren des neuen Jahrhunderts entdeckte Dr. August Oetker auch das Ausland als lukrativen Markt. Da die Nachfrage nach seinen Waren vor allem in der österreichisch-ungarischen Monarchie groß war, richtete er 1908 in Baden bei Wien seine erste Zweigfabrik ein. Schon vor dem Ersten Weltkrieg wurden Oetkers Produkte in vielen europäischen Nachbarländern, aber auch in Afrika, Asien und Amerika verkauft. So konnte Oetker bereits in einer Anzeige von 1907 sein Unternehmen als die „grösste Backpulverfabrik des Continents“ bezeichnen. Sein Unternehmen hatte bereits Weltruf erlangt.
Zu dieser Zeit herrschte auf dem deutschen Süßspeisen- und Backartikelmarkt ein starker Wettbewerb. Oetker hatte gegen einige Konkurrenten zu kämpfen, die sein Back- und Puddingpulver kopierten und unter anderem Markennamen anboten. Neben dem ebenfalls in Bielefeld ansässigen Unternehmen Dr. Crato & Co. wurden die Hamelner Firma Reese und das Hamburger Unternehmen Hansa, Stahmer & Wilms dem Umsatz gefährlich. Oetker bezeichnete Dr. Crato als die „erste ernstzunehmende Konkurrenz“. Die Strategie Oetkers bestand nun darin, nach und nach alle Anteile dieser Firmen aufzukaufen. Auf diese Weise kamen das erste Konkurrenzunternehmen 1909, die beiden anderen 1912 in seinen Besitz. Nach außen hin behielten sie ihre

Unabhängigkeit und den eigenen Namen, so daß die scheinbare Konkurrenz noch eine Weile bewußt aufrechterhalten wurde. In den Zeiten des Ersten Weltkriegs konnten die aufgekauften ehemaligen Konkurrenzunternehmen als eine Art Stoßdämpfer benutzt werden, um die Rohstoffknappheit aufzufangen, damit – wie es hieß – „die Marke Oetker weiter geliefert werden konnte."

Als der Erste Weltkrieg ausbrach, vermochte Oetker seine Umsätze sogar noch zu steigern. Mit geschickten Appellen an die „deutsche Hausfrau" gelang es ihm, die ausländische Konkurrenz – das englische Mondamin und amerikanisches Backpulver in Dosen – vom deutschen Markt zu verdrängen. Daß hinter dem rapiden Aufstieg auch strenges Kalkül und Unnachgiebigkeit der Konkurrenz gegenüber standen, ist nur natürlich. Nur so gelang es August Oetker, in zwei Jahrzehnten vom einfachen Apotheker zu einem der reichsten Unternehmer Bielefelds aufzusteigen. Selbstverständlich war er im späten Kaiserreich nicht der einzige, dem ein solcher Aufstieg gelang. Doch im Gegensatz zu den meisten anderen „Selfmademen" hatte er seinen Weg tatsächlich im Alleingang geschafft und eine völlig neue Branche auf dem Markt etabliert.

1914

Die Deutsche Regierung veröffentlicht eine Statistik, nach der im Gebiet des Deutschen Reiches 60 Millionen Menschen leben. Im gleichen Gebiet lebten hundert Jahre früher nur 20 Millionen Menschen.

Die „größte Backpulverfabrik des Continents" brachte ihrem Besitzer Millionenumsätze ein. In welcher Größenordnung diese lagen, darüber herrscht heute einige Unklarheit. Erhaltene Firmendokumente des Versandabteilungsleiters sprechen für das Jahr 1904

von monatlichen Umsätzen zwischen 150.000 und 250.000 Mark; der Oetker-Biograph von Nolcken nennt später hingegen für dasselbe Jahr nur ein Achtel dieser Summe. Fest steht, daß im Jahr 1906 bereits ein Jahresumsatz von etwa 2,9 Millionen Mark erreicht und in den folgenden Jahren weit übertroffen wurde: 1914 waren es 7 Millionen Mark Umsatz, 1918 dann 34 Millionen. 1911 nannte August Oetker bereits ein Privatvermögen von rund 4,5 Millionen Mark sein eigen. Im darauffolgenden Jahr finden wir ihn im „Jahrbuch der Millionäre im Königreich Preußen" aufgeführt, allerdings bei weitem nicht an vorderster Stelle.
Als 1914 der Krieg ausbrach, war die Firma Dr. August Oetker zu einem der größten Arbeitgeber im florierenden Bielefeld geworden, der 350 Angestellte und Arbeiter beschäftigte. Das Unternehmen hatte sogar schon die meisten Konkurrenten in Europa überflügelt.
Doch der vielfache Millionär hatte noch einen Wunsch, der ihm schon seit einigen Jahren am Herzen lag und sich noch nicht hatte verwirklichen lassen. August Oetker strebte nach der Anerkennung in seiner Wahlheimatstadt, die ihm als Ortsfremdem und nicht der Oberschicht Zugehörigem bisher verwehrt geblieben war. So war er weder in die Handelskammer der Stadt aufgenommen worden, noch war ihm der Titel eines königlich-preußischen Kommerzienrats verliehen worden. Einen ersten Antrag auf diesen Kommerzienratstitel stellte Oetker 1911. Der Regierungspräsident in Minden befürwortete den Antrag zwar wegen der „Verdienste um das Volkswohl durch seine Fabrikate (Backpulver) und um das Wohl seiner Arbeiter", doch der Minister für Handel und Gewerbe in Berlin lehnte

ihn ab. In der Begründung hieß es, Oetkers Vermögen und Unternehmen seien zwar beträchtlich, in der Provinz Westfalen jedoch nicht herausragend. Wie von gut unterrichteter Stelle gemeldet worden sei, „soll sich Oetker allerdings eines guten Rufes und Ansehens erfreuen, sich indessen von allen Ehrenämtern fernhalten; auch ist seine Stellung im Handelsstande danach keine besonders hervorragende, was u. a. darin zum Ausdruck gelangt, daß er nicht zum Mitgliede der Handelskammer gewählt worden ist."
Einzig die Aufnahme in die „Ressource", einen exklusiven Club der Bielefelder Oberschicht, war Oetker 1891 gelungen, doch dies als Apotheker und Akademiker, nicht in seiner Eigenschaft als Backpulverproduzent. Jedoch machte sich Oetkers soziales und finanzielles Engagement für die Stadt und seine Arbeiter und Angestellten schließlich bezahlt. Im Januar 1913 wurde er doch noch zum königlich-preußischen Kommerzienrat ernannt, und der Minister wies auf diese „gemeinnützigen Bestrebungen" Oetkers (namentlich auf eine Spende von 100.000 Mark für das Kaiser-Wilhelm-Institut) und sein Wirken als „wohlwollender, fürsorglicher Arbeitgeber" hin, ebenso auf Oetkers guten Ruf, Ansehen und Beliebtheit in der Bürgerschaft.

Den gesellschaftlichen Erfolg konnte August Oetker kaum genießen, denn die Jahre von 1913 bis 1917 zählten zu den schwärzesten seines Lebens. Erst starb 1913 überraschend sein jüngster Bruder Eduard, dem die technische Leitung des Bielefelder Betriebs unterstand. Nach Ausbruch des Ersten Weltkriegs gab es Probleme mit dem gerade erst aufgeblühten Auslandsgeschäft.

Langes Streben nach Anerkennung: August Oetker

Und da der Betrieb Oetkers keine kriegswichtigen Produkte herstellte, wurden viele seiner Fachkräfte und Vertreter zum Kriegsdienst eingezogen. Da zudem die Produktion von Back- und Puddingpulvern stark vom Import und von Rohstoffen abhängig war, ergaben sich schon kurz nach Kriegsausbruch die ersten kurzfristigen Versorgungsprobleme. Zwangsläufig begann die Qualität der Markenprodukte zu leiden, und der Absatz im Ausland geriet ins Stocken. Diese Einbußen wurden jedoch durch die Steigerung des inländischen

Glückliche Hausfrau: Werbebild der Firma Oetker mit dem typischen Rundkuchen

Absatzes mehr als aufgefangen, da Oetkers deutsche Produkte nun die englischen und amerikanischen Konkurrenzprodukte erfolgreich ausstechen konnten.

Da traf August Oetker der nächste Schicksalsschlag: der Tod seines einzigen Sohnes und designierten Nachfolgers. Rudolf Oetker wurde 1889 geboren; er liebte besonders die Musik. Nach dem Schulabschluß begann er ein Studium der Chemie in Berlin; in den Semesterferien arbeitete er bereits im Labor des Bielefelder Stammhauses mit. Nach Studienabschluß und Promotion verheiratete sich Dr. Rudolf Oetker mit Ida Meier und trat 1914 in die Firma des Vaters ein, wo er ein halbes Jahr als Assistent seines Vaters wirkte. Seine Heiterkeit, Herzensgüte und kluge, verständnisvolle Art brachten ihm die Zuneigung aller ein. Doch dann brach der Erste Weltkrieg aus; Rudolf wurde schon am zweiten Mobilmachungstag zum Militärdienst einberufen. Am 8. März 1916 fiel er als Leutnant an der Westfront in der Schlacht um Verdun im Alter von nur 27 Jahren. Er hinterließ seine junge Frau Ida mit ihrer zweijährigen Tochter Ursula; der Sohn Rudolf August Karl wurde erst nach dem Tod des Vaters am 20. September 1916 geboren.

Der Verlust seines Sohnes war für den Firmengründer kaum zu verwinden. Seitdem war er ein gebrochener Mann, der keine weiteren Pläne zum Erhalt oder Ausbau seines Betriebs mehr schmiedete; auch in der Öffentlichkeit ließ er sich nicht mehr sehen. Das Ende des Krieges erlebte Oetker nicht mehr. Er starb, erst 56 Jahre alt, am 10. Januar 1918. August Oetker hinterließ seine Frau Lina, seine Tochter und die Witwe seines Sohnes mit ihren zwei kleinen Kindern Ursula und Rudolf August.

Was für ein Mann war August Oetker, der erfolgreiche Selfmademan des ausgehenden Kaiserreiches? Es ist schwierig, aus den spärlich überlieferten Informationen zu seinem Wesen ein vollständiges Bild zu entwerfen. Hinzu kommt, daß das Bielefelder Bürgertum, besonders die Kaufmannschaft und das höhere Beamtentum, einen streng geschlossenen Zirkel bildeten und Außenseiter kaum dazuließen. Das galt sogar für erfolgreiche Unternehmer aus den zwei Hauptgeschäftszweigen der Stadt, der Metallwaren- und der Textilindustrie. Und Oetker war Außenseiter im doppelten Sinne: Zum einen kam er aus einer auswärtigen bescheidenen Familie, zum anderen war sein Industriezweig sonst in der Leinenstadt nicht vertreten. So blieb die Familie zunächst vom gesellschaftlichen Leben ausgeschlossen, worauf wohl der Mangel an Dokumenten und Informationen über die Frühzeit der Oetkers zurückzuführen ist.

Um sich in Bielefeld zu integrieren, trat Oetker einigen Vereinen der Stadt bei, so dem Gustav-Adolf-Verein und, wohl Anfang 1892, dem Kriegerverein Bielefelds. Sein nach wie vor großes Interesse an den Wissenschaften dokumentierte sich darin, daß er 1911 Mitglied der Kaiser-Wilhelm-Gesellschaft zur Förderung der Wissenschaften wurde und diese Gesellschaft auch mehrmals mit namhaften Beträgen unterstützte. Auch für den Naturschutz setzte sich Oetker ein, indem er ein 70 Morgen großes Gebiet in der bei Bielefeld gele-

genen Senne kaufte, um es für die heimischen Pflanzen zu erhalten. Oetker engagierte sich in der Stadtpolitik Bielefelds und wurde am 23. Juni 1911 für vier Jahre zum Stadtverordneten gewählt. Spendenfreudig zeigte sich Oetker nicht nur gegenüber dem Naturwissenschaftlichen Verein der Stadt, für den er die Druckkosten der ersten Jahresberichte übernahm, sondern auch gegenüber der Stadt selbst in den Jahren 1906 und 1909. Und dem Naturkundlichen Museum der Stadt stiftete er eine wertvolle zoologische Sammlung.
Doch die Geduld des wohlhabenden Geschäftsmanns wurde bald von Bittstellern strapaziert, die ihn auszunutzen suchten. Das kam so häufig vor, daß er schließlich Kärtchen mit folgender Aufschrift drucken und bei entsprechender Gelegenheit verteilen ließ: „Geld verleihe ich nicht, Hypotheken beleihe ich nicht, fremde Angelegenheiten interessieren mich nicht, da ich mit meinen eigenen genug zu tun habe. Ich bitte, mich mit zwecklosen Anliegen zu verschonen. Achtungsvoll, Dr. August Oetker."

Von seinen Zeitgenossen wurde August Oetker als ein Mann geschildert, der Kraft und Durchsetzungsvermögen besaß. Seine Zuverlässigkeit und ein starker Gerechtigkeitssinn trugen ihm von allen Seiten Anerkennung und Wertschätzung ein, auch wenn er gelegentlich zum Starrsinn neigte. Als harter Geschäftsmann erwies sich Oetker besonders seinen Vertretern gegenüber, die er beständig antrieb und zu mehr Leistungen ermahnte. In seinen überlieferten „Beherzigenswerten Worten", die er 1908 niederschrieb, verfaßte er strenge Ratschläge für seine Mitarbeiter, die deren

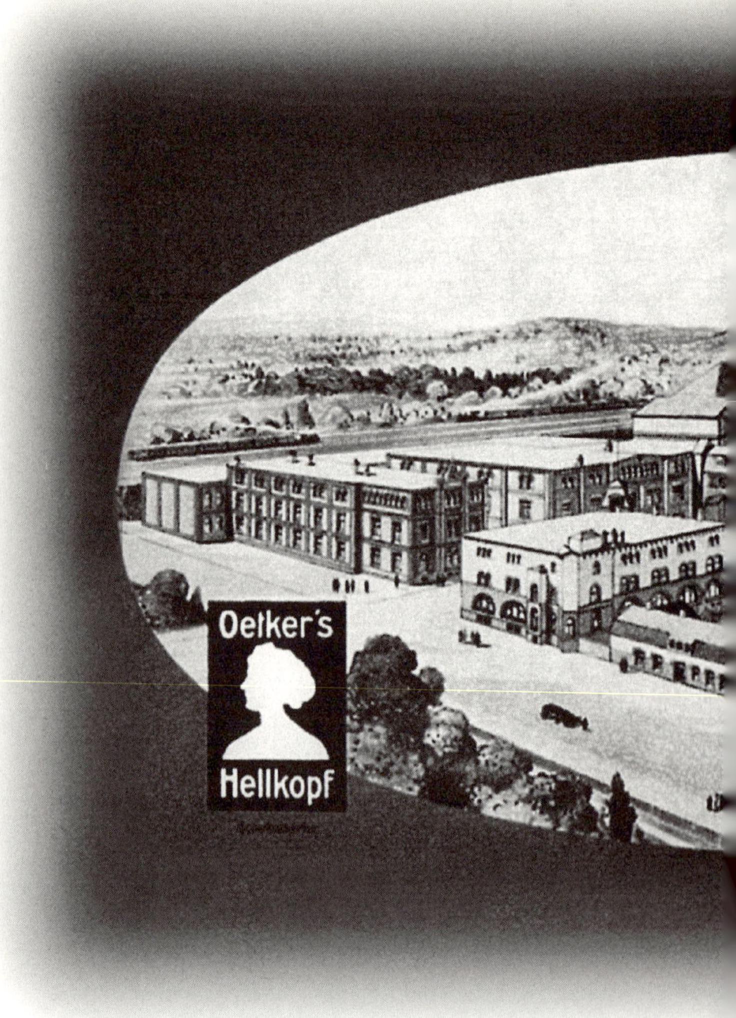

Das Stadtbild von Bielefeld bestimmt: das Oetkersche Stammwerk vor dem 1. Weltkrieg

Lebenseinstellung und Arbeitsmoral betrafen. Einige Beispiele sollen hier zitiert werden:

„1. Arbeite! Arbeite unter Anspannung aller Kräfte, – und diese werden bald zunehmen. Arbeite aufmerksam und fleissig, – und deine Fähigkeiten werden sich rasch steigern. Arbeite so, dass es dir Freude macht! Rede dir alle Unlust aus und blicke nicht so häufig nach der Uhr. Mache aus deiner Arbeit einen Sport! ...

9. Benutze jede Minute! Die Zeit ist dein Kapital; jede Minute muß dir Zinsen tragen. Es gibt kaum etwas unsinnigeres, als mit irgendeiner Torheit ‚die Zeit totzuschlagen'. Zeit ist Leben; Zeitvernichtung ist Lebensvernichtung. Dazu schlägt uns am Ende doch die Zeit tot, nicht wir sie."

Der Geschäftsmann Dr. August Oetker hatte sich nicht nur einen genauen Lebens- oder vielmehr Arbeitsplan zurechtgelegt, wie er das auch seinen Mitarbeitern empfahl. Was Handel sei, was ein Geschäft sei, zu allem hatte der Unermüdliche sich etwas zurechtgelegt: „Das Wort ‚Geschäft' kommt her von Schaffen; es bedeutet eine Arbeit, die etwas schafft, oder die auf ein bestimmtes Ziel gerichtete ernstliche Tätigkeit, zum Unterschiede von zeitkürzenden Handlungen, die nur zum Vergnügen und zur Unterhaltung dienen. Im gewöhnlichen Sinne ist es Beschäftigung mit nützlichen Dingen zum Zwecke des Gewinnes, des materiellen oder geistigen Fortschritts." Seine Aufzeichnungen schloß Oetker mit dem Salomozitat: „Nichts besser, als daß der Mensch fröhlich sei in seiner Arbeit."

Doch trotz allem war dem erfolgreichen Unternehmer nicht der Sinn für die kleinen Leute abhanden gekommen. Er kümmerte sich in vorbildlicher Weise um seine

Arbeiter und Angestellten, mit denen er eine echte innere Verbundenheit empfand. Er nahm teil an ihren Sorgen und Anliegen, und er sorgte für ihr leibliches Wohl, indem er in den Arbeitspausen und auf Betriebsausflügen Erfrischungen spendierte.

Ein Mitarbeiter, der August Oetker noch kennengelernt hatte, schilderte den Firmengründer viele Jahre später folgendermaßen: „Was mich damals besonders beeindruckt hat, das war der Blick der scharfen und klugen Augen ... Energie und Tatkraft sprachen daraus, aber auch Güte und menschliches Verständnis."
In seiner sozialen Haltung war August Oetker seiner Zeit in vielem ein gutes Stück voraus. Er verteilte seit 1898 an seine Angestellten ein Weihnachtsgeld und beteiligte die gesamte Belegschaft 1907, als der Umsatz der Firma besonders hoch ausgefallen war, am Gewinn. Auf seine Initiative hin wurde im April 1913 eine Art von Betriebsausschuß gegründet, eine frühe Form des Betriebsrats. Er bestand aus zehn von der Arbeiterschaft gewählten Vertretern sowie fünf von der Geschäftsleitung bestimmten Angestellten. Betriebsräte wurden in der Industrie allgemein erst nach dem Ersten Weltkrieg, genauer in den Jahren 1919 und 1920 gegründet, nachdem das Betriebsräte-Gesetz erlassen worden war.

1914

Angesichts des Kriegsgeschehens beschließt die Königliche Kommission in Schweden in diesem Jahr keinen Friedens-Nobelpreis zu vergeben. Ebenso wird kein Literatur-Nobelpreis verliehen.

Privat sammelte Oetker alte Backgeräte und wertvolle Kochbücher aus vergangenen Zeiten. Seine Objekte bilden den Grundstock der Sammlung zur Geschichte der

Hausbäckerei, die noch heute im Firmengebäude zu sehen ist. Dieses Hobby zeigt deutlich, daß dem Apotheker, Chemiker, Erfinder und Unternehmer das Backen und Kochen stets am Herzen lag. Und daß der Sinn des Lebens für ihn darin bestand, seiner Arbeit voller Freude nachzugehen, ist für August Oetker verbürgt. Ebenso war es sein größtes Lebensziel, ein Familienunternehmen aufzubauen, wie dies schon seine Vorfahren unternommen hatten. Und patriarchalisch führte er das immer stärker expandierende Unternehmen dann in der Folge, auch wenn es dafür eigentlich schon lange zu groß geworden war. Diese Art der Unternehmensleitung wurde von seinen Nachfolgern, Dr. Richard Kaselowsky und Rudolf August Oetker, beibehalten und läßt sich als eine Art von Familientradition beschreiben. So gehörte der Enkel, Rudolf August Oetker, in den sechziger und siebziger Jahren schon zu der „selten gewordenen Spezies der Alleineigentümer großer Industrie-Imperien". Erst der Urenkel, der ebenfalls den Namen August trägt, wich von dieser Maxime ab, um den Konzern notwendigerweise den Gegebenheiten der modernen Wirtschaftswelt anzupassen.

Von Bielefeld nach Hamburg-Süd (1918 bis 1944)

Die Jahre nach dem Ersten Weltkrieg waren für das Deutsche Reich eine wirtschaftlich äußerst schwierige Zeit. Als Kriegsverlierer, sogar allein Kriegsschuldiger hatte es in dem 1919 unterzeichneten Vertrag von Versailles drückenden Friedensbedingungen zustimmen müssen. Dazu gehörten hohe Reparationszahlungen, die Abgabe von 90 Prozent der Handelsflotte sowie die Abtretung von beträchtlichen Teilen des Reichsgebiets. Elsaß-Lothringen, das Hultschiner Ländchen, Posen, das Memelgebiet und die Stadt Danzig sowie große Teile von Schleswig, Westpreußen und Oberschlesien lagen außerhalb der neu festgelegten deutschen Grenzen. Das Saargebiet wurde der Verwaltung des Völkerbunds unterstellt, das Ruhrgebiet sowie das Rheinland der Verwaltung Frankreichs; der Anschluß Österreichs an das Deutsche Reich wurde von den Alliierten untersagt. Auch der Konfiszierung von deutschem Eigentum und sonstigen Rechten im Ausland mußte das Deut-

sche Reich zustimmen. Die Monarchie war am Ende, es folgte die Weimarer Republik.
Die Folgen des Ersten Weltkriegs waren jedoch nicht nur im Deutschen Reich, sondern weltweit zu spüren. Einer ersten Phase des Wiederaufbaus folgten eine hohe Inflation, die Weltwirtschaftskrise und eine Verschärfung vieler innerstaatlichen Konflikte. Die Weimarer Republik bemühte sich um einen Wiederaufbau der Strukturen des Landes unter der veränderten Sachlage. Sie hatte, seit die Inflation 1922 ungeahnte Ausmaße annahm, mit einer extrem hohen Arbeitslosigkeit zu kämpfen; über sechs Millionen Menschen waren ohne Beschäftigung. Den noch tätigen Arbeitnehmern machten Kurzarbeit, drohende Entlassungen und die fortschreitende Geldentwertung – Ende 1923 hatte der US-Dollar den Wert von 4,2 Billionen Papiermark erreicht – zu schaffen. Daß in den nun folgenden Jahren weltweit eine Phase der Prosperität folgte, war dem verstärkten Ausbau der Großindustrie und der rapiden Entwicklung der Technik zu verdanken. Doch dann zeigten sich die Auswirkungen der Kriegsvereinbarungen von Versailles: Die Reparationen und Schulden belasteten die Nationalwirtschaften, während nationale Schutzzölle den freien Weltmarkt behinderten. Als eine Folge davon stieg die Arbeitslosigkeit europaweit erneut stark an; Konkurse waren an der Tagesordnung. Nach dem Schwarzen Freitag an der New Yorker Börse im Oktober 1929, an dem die Kurse in den Keller stürzten, setzte eine weltweite Wirtschaftskrise ein. Sie lähmte die deutsche Wirtschaft sowie deren Investitionsfreudigkeit erheblich, und auch die darauffolgende Depression der dreißiger Jahre

war eine wirtschaftlich und besonders politisch äußerst problematische und turbulente Zeit. Die waghalsige Wirtschaftspolitik der Nationalsozialisten mit ihrer extrem hohen Staatsverschuldung und beginnender Kriegsproduktion brachte ab 1933 eine scheinbare Besserung der Lage.

Die beiden Nachfolger

Dr. August Oetker war im Januar 1918 gestorben, eben erst 56 Jahre alt geworden. Gerade in den kritischen Jahren nach Kriegsende war es für die Erbin des Oetker-Unternehmens, die Gründerwitwe Caroline Oetker, von größter Bedeutung, geeignete und verläßliche Mitarbeiter zu finden, die ihr beim Wiederaufbau und der Neustrukturierung des Unternehmens halfen. Die Verwaltung des Großbetriebs – der Umsatz betrug 1918 immerhin 34 Millionen Mark – war für sie keine leichte Aufgabe. Dr. August Oetker war es bis zu seinem Tod gelungen, den Betrieb ohne größere Verluste durch die Wirren des Krieges zu lavieren. Doch das Großunternehmen wollte nun wieder aufgebaut, sachkundig verwaltet und erweitert sein. Zunächst wurde der langjährige Prokurist des Hauses Fritz Behringer Teilhaber des Unternehmens; doch starb er bereits im Februar 1921.

1918

Im Jahr 1918 stieg die Produktion von Fleischkonserven auf einen Höchststand. Damit wurden jedoch alle Vorräte erschöpft, so daß für die folgenden Jahre eine Hungersnot programmiert war.

Der Witwe Caroline Oetker standen nach dem Tod ihres Mannes vor allem ihr Schwager Louis, der seit 1906 den Vertrieb geleitet hatte, und der zweite Mann ihrer Schwiegertochter Ida, Dr. Richard Kaselowsky, zur Seite. Sie nahm die beiden im Frühjahr 1921 als neue Teilhaber der Firma auf. Deren Führungsstil unterschied sich nun grundlegend von dem des Unternehmensgründers: Unternehmerischer Wagemut und kaufmännisches Geschick der beiden Teilhaber sollten sich in der Folge auf das Vorteilhafteste ergänzen und es ermöglichen, das Unternehmen innerhalb kürzester Zeit wiederaufzubauen und einige ausgewählte Stützpunkte in europäischen Nachbarstaaten zu gründen. So wurden Louis Oetker und Richard Kaselowsky bestimmend für die zweite Epoche der Firmengeschichte des Hauses. Als Louis schließlich im September 1933 starb, lag die Verantwortung für das inzwischen mächtig angewachsene Unternehmen im darauffolgenden Jahrzehnt bei Kaselowsky allein.

Nach dem Tod des Gründersohnes Dr. Rudolf Oetker hatte Dr. Richard Kaselowsky die junge Witwe Ida Oetker geheiratet. Auch er stammte aus einer Unternehmerfamilie. Richard Kaselowsky, im Dreikaiserjahr 1888 in Bielefeld geboren, erhielt eine Ausbildung zum Bankkaufmann und Betriebswirt und promovierte anschließend. Er war ein Freund der Familie Oetker, ganz besonders von Rudolf Oetker, mit dem er vor dem Ersten Weltkrieg gemeinsam in Berlin studiert hatte. Als Rudolf im Krieg fiel, heiratete die junge Witwe Ida noch im gleichen Jahr Richard Kaselowsky, denn für ihre kleine Tochter Ursula und den noch nicht geborenen Sohn Rudolf August wollte sie rasch einen Ersatzvater finden. Dies war eine kluge Entscheidung: Rudolf August Oetker betont immer wieder, daß Richard Kaselowsky für ihn wie ein richtiger Vater gewesen sei:

Nachfolge in schwieriger Zeit: Louis Oetker und Dr. Richard Kaselowsky

„Einen besseren Vater als Richard Kaselowsky könnte ich mir nicht vorstellen, einen besseren Lehrherrn für mich auch nicht", äußerte er sich noch 1998. Kaselowsky habe ihm bei vielen gemeinsamen Spaziergängen immer wieder alle wichtigen Vorgänge in der Firma auseinandergesetzt und ihm unternehmerisches Denken beigebracht. So wurde der junge Stiefsohn umfassend darauf vorbereitet, ab dem 27. Lebensjahr selbständig das Unternehmen zu führen, das Kaselowsky in der Zwischenzeit treuhänderisch verwaltete. Wie erfolgreich Kaselowsky in der Leitung des Unternehmens war, dokumentiert sich unter anderem darin, daß er zum Präsidenten der Bielefelder Industrie- und Handelskammer ernannt wurde. Aus der Ehe Richard Kaselowskys mit Ida stammten zwei Töchter sowie ein Sohn namens Richard.

Die Hauptverwaltung des Unternehmens Oetker befand sich seit dem Jahre 1900 in der Bielefelder Lutterstraße; ab 1906 schließlich im Büroneubau an der Ecke Scharnhorststraße/Lutterstraße. Dort, in der ersten Etage, bezog Dr. Richard Kaselowsky sein Arbeitszimmer: das holzgetäfelte Büro, das sich der Firmengründer August Oetker 1906 eingerichtet hatte und in das 1944 auch dessen Enkel Rudolf August Oetker einzog, ohne große Veränderungen vorzunehmen. Vom Schreibtisch des Gründers aus bestimmte Kaselowsky ab 1921 die Unternehmenspolitik, gemeinsam mit Louis Oetker.

Die beiden wahrten den traditionellen Stil des Hauses, gingen jedoch daran, neu gesteckte Unternehmensziele mit moderneren Mitteln durchzusetzen. Richard Kaselowsky, der akademisch ausgebildete Bankkaufmann und Betriebswirtschaftler, leitete die Finanz- und Vermögensverwaltung des Unternehmens und die inneren kaufmännischen Abteilungen, während Louis das Unternehmen nach außen hin vertrat. Lange Zeit hatte er an der Seite des Firmengründers August Oetker gearbeitet und besaß in Werbung und Verkauf praktische Erfahrungen. Er leitete nun die Werbung, den Verkehr mit der Kundschaft, den Außendienst sowie die Leitung des Vertriebs. Wie bisher, wurde Werbung auch weiterhin intensiv betrieben, die wichtige Verbindung zu den Hausfrauen gepflegt und streng darauf geachtet, daß der Markenartikelcharakter aller Oetker-Produkte erhalten blieb.

1924

Der amerikanische Unternehmer und Autohersteller Henry Ford führt in seiner Fabrik das Fließband ein. Er revolutioniert damit die industriellen Herstellungstechniken und wird für lange Zeit Marktführer.

Während Dr. August Oetker ursprünglich von den Naturwissenschaften und dem Beruf des Apothekers her gekommen war, erwiesen sich Hintergrund und

Führungsstil seiner beiden Nachfolger nun als deutlich anders. Doch folgten sie im Marketing dem Weg, den der Gründer erfolgreich eingeschlagen hatte: Die Markenartikel des Hauses Oetker sollten durch verstärkte Werbung, aber auch mit Hilfe von beigefügten Rezepten und ständig erweiterten und verbesserten Kochbüchern einer immer größeren Zahl von Hausfrauen des ganzen Landes vertraut gemacht werden. Dazu bediente man sich der bewährten Strategie, bereits gut eingeführte Artikel in verbesserter Qualität, doch zu gleichbleibenden Preisen in den Handel zu bringen. Und auch was die Produktpalette anbelangte, versuchte das Haus Oetker weiterhin, innovativ zu sein. So eroberte beispielsweise in den zwanziger Jahren eine wackelige Novität namens Dr. Oetker Götterspeise, die es in grün und rot gab, die Dessertschüsselchen der deutschen Haushalte. Neu auf den Markt kamen schließlich auch Dr. Oetker Würztabletten, die zum Abschmecken von Eintöpfen und Soßen dienten, sowie Soßenpulver.

Louis Oetker und Richard Kaselowsky faßten den unternehmerisch klugen Entschluß, die Interessen der Firma über das Stammhaus hinaus zu erweitern. Dabei mußten sie jedoch mit Vorsicht und Überlegung vorgehen. Denn zum einen war die wirtschaftliche Situation im Land wegen der hohen Reparationszahlungen und des Rohstoffmangels recht schwierig, zum anderen machte ihnen die Konkurrenz immer stärker zu schaffen. Das ließ es sinnvoll erscheinen, zusätzlich in anderen Wirtschaftszweigen und im Ausland zu investieren.

Wackeln für den guten Appetit: Rote Grütze als neues Produkt im Angebot

Doch zugleich bemühten sie sich, das Unternehmen im Deutschen Reich zu etablieren. Die Bielefelder Haushaltsgeräte-GmbH & Co. KG, die Backutensilien produzierte, sowie ein Zweigbetrieb des Stammhauses in Hamburg-Altona (1924) wurden gegründet. Im von Frankreich 1923 bis 1925 besetzten und verwalteten Ruhrgebiet betreute eine eigene Fabrikationsstelle die dortigen Kunden. Nachdem das Saargebiet vom Deutschen Reich abgetrennt und unter Verwaltung des Völkerbunds gestellt worden war, waren Lieferungen dorthin nicht mehr möglich. Deswegen entstand 1924 in Saarbrücken ebenfalls eine Fabrik. Darüber hinaus unterhielt das Unternehmen 1925 in gut zwei Dutzend Städten des Reichs Lager für die eigenen Produkte.

Die Jahresproduktion war in den letzten Jahren, wie auch in der Zeit vor dem Krieg, ständig gestiegen. 1914 waren 350 Mitarbeiter im Werk tätig gewesen, 1920 waren es bereits über 600. Und während 1916 etwa 225 Millionen Päckchen das Werk verlassen hatten, zählte man in den Jahren 1918 bis 1920 im Schnitt 300 Millionen Päckchen pro Jahr. In den Kriegsjahren hatte man zusätzlich Trockenmilch, Kekspulver, Eispulver und Essigessenz hergestellt. Ein Rückgang des Absatzes war aber auch weiterhin nicht zu erwarten, da Speisestärke, Back- und Puddingpulver zu den Nährmitteln gehörten, auf die die Hausfrau auch in ökonomisch schlechteren Zeiten nicht verzichten wollte. So plante man in Voraussicht steigender Verkaufszahlen, den Betrieb nach und nach um einige Gebäude zu erweitern und modernisierte Maschinen zum Einsatz zu bringen, damit die Produktion auch in Zukunft mit der Nachfrage schritthalten könnte.

Mittlerweile wurden Beutel und Faltschachteln, Kartonage und Kartons, Kisten und Prospekte im eigenen Betrieb hergestellt. Das war nicht nur ökonomischer und bequemer, sondern sicherte auch die gefährdete Versorgung mit diesen Materialien ab. Bisher waren diese Abteilungen im Kontorgebäude an der Ecke Lutterstraße/Scharnhorststraße untergebracht, nun wurden für sie 1925 die Werksanlagen ausgebaut. An der Steinmetzstraße/Robert-Bunsen-Straße entstand ein Neubau, der die Papierverarbeitung und das Versandlager aufnahm. Er besaß einen eigenen Gleisanschluß auf dem ehemaligen Gelände der Spinnerei „Vorwärts“ direkt nebenan. Bereits der Kommerzienrat Oetker hatte sich am Bahnanschluß der Spinnerei beteiligt, wohl wissend, wie wichtig diese Verkehrsanbindung für sein Unternehmen war. Kaselowsky gelang es in

den zwanziger Jahren, den Anschluß samt dem angrenzenden Grundbesitz und einigen Gebäuden darauf für das Unternehmen Oetker zu erwerben.
Bis 1925 war die Zahl der Werksangehörigen auf über 1000 angestiegen; wieder wurde ein Neubau notwendig. Diesmal mußte der Kontorbau aus dem Jahr 1906, der die kaufmännischen Abteilungen beherbergte, um den sogenannten Konferenzzimmer-Anbau an der Scharnhorststraße erweitert werden. Auch die Einrichtung von Speiseräumen sowie einer Betriebskantine für die Mitarbeiter erforderte neuen Platz.
Die Umsätze gingen erstmals in den Jahren nach der Weltwirtschaftskrise, besonders 1931 bis 1933, zurück. Doch da der Päckchenumsatz bisher jedes Jahr kräftig gestiegen war, betrug er 1931 immer noch das Zehnfache des Umsatzes von 1906. Rudolf August Oetker erinnert sich noch gut an die Sorgen der Geschäftsleitung jener Jahre. Kaselowsky habe zu Louis Oetker, der die Verantwortung für Vertrieb und Absatz hatte, seufzend gesagt: „Das Schlimmste ist doch, wenn man nicht genügend Arbeit für seine Mitarbeiter hat!“ Doch zwei Jahre später war für das Unternehmen Oetker das Schlimmste überstanden, die Umsätze gingen steil nach oben. Louis Oetker konnte diesen Erfolg nicht mehr genießen; er starb im September 1933. Kaselowsky ließ in diesen Jahren das Puddinggebäude an der Scharnhorststraße und ein Tischlergebäude errichten. Dahinter stand die Idee, die gesamte Fabrikation im Zuge der Automatisierung und Rationalisierung in einen organischen Ablauf zu bringen.

1931

In Berlin erscheint das „Kochbuch vom Kartoffelmännchen", das mit guten Ratschlägen versucht der Notlage zu begegnen. Ein anderer Titel der Zeit heißt „Vieren schmeckt's für 20 Mark die ganze Woche".

Die ältesten Fabrikgebäude, die 1900 und 1902 erbaut worden waren, mußten schließlich 1935 dem neuen Fabrikationsgebäude an der Lutterstraße weichen, das mit seinem charakteristischen Turm auch heute noch ein bekanntes Bauwerk im Bielefelder Stadtbild darstellt.
So entstand im Lauf der zwanziger und dreißiger Jahre ein richtiges Oetkerviertel zwischen der Burg Sparrenberg, dem Wahrzeichen Bielefelds, und dem Johannisberg.

Zeitgleich mit der Errichtung neuer Gebäude trieb man auch die Entwicklung der Produktionsanlagen voran. Ein weiter Weg war es von der 1894 eingeführten Mischmaschine für die Rohstoffe, die noch per Handkurbel betrieben wurde, bis hin zu den vollautomatischen Backpulvermaschinen der dreißiger Jahre, eine große Entwicklung von den Handgriffen der Frauen, die mit der Füllschaufel arbeiteten und jeden Beutel einzeln zuklebten, bis hin zur Beaufsichtigung von Maschinen, die den größten Teil dieser Arbeit eigenständig ausführten. So vereinfachte sich nach und nach vieles; besonders was die schweren körperlichen Tätigkeiten anging. Nachdem 1906 die erste automatische Abfüllmaschine entwickelt worden war, dauerte es noch einmal fünfzehn Jahre, bis 1921 eine kombinierte Dosier- und Abfüllmaschine ausgereift war. 20.000 Beutel konnten mit ihr pro Tag produziert werden; die Bedienung übernahm eine einzige Arbeiterin, die früher immerhin 4000 Backpulverbeutel pro Tag füllte und schloß. Von dieser kombinierten Maschine waren 1925 bereits mehr als 100 Exemplare mit einer Gesamtleistung von zwei Millionen Beuteln pro Tag in Betrieb.

Die Vorarbeit leisteten zwanzig Maschinen, die die Rohstoffe dazu mischten.
Als Ende 1929 die Arbeitslosigkeit im Land immer größer wurde, stellte Caroline Oetker die neuen Dosier- und Abfüllmaschinen kurzerhand beiseite, um mit ihnen keine Arbeitsplätze zu vernichten. Erst als die schlimmste Zeit vorüber war und die Arbeitslosenzahlen 1934 und 1935 zurückgingen, wurden diese Maschinen wieder in Betrieb genommen.
Im Lauf der dreißiger Jahre wurde schließlich die sogenannte Maschine für Massenverpackung (MfM) entwickelt, bei der das Personal nur noch benötigt wurde, um die Portionierung und das einwandfreie Funktionieren des Ablaufs zu überwachen. Wie ein Karussell bewegte sich die Maschine im Kreis und führte alle Arbeiten von der Dosierung des Pulvers über das Füllen, Schließen und Zukleben der Beutel bis hin zum Stempeln des Datums auf die Beutellasche selbsttätig durch. Die MfM erhöhte die stündliche Beutelproduktion auf 3600 Stück.

Ähnlich rasant wie bei der Backpulverabfüllung ging die Entwicklung im Essenzensaal (auch Aromensaal genannt) vor sich. Bereits seit dem Jahr 1900 stellte Dr. Oetker sogenannte Essenzen, also Backöle verschiedener Geschmacksrichtungen, in 5-Gramm-Fläschchen her. Jedes Fläschchen mußte aus einer Zehnliterflasche durch einen mit der Hand abzuklemmenden Gummischlauch einzeln gefüllt werden. 250 Fläschchen pro Stunde wurden auf diese Weise gefüllt und einzeln mit einem handbedienten Apparat zugekorkt. Anschließend mußte das Fläschchen luftdicht versiegelt

und von einer weiteren Maschine etikettiert werden. Auch das Verpacken geschah per Hand.
Einen ersten Fortschritt stellten Rundlauf-Abfüllmaschinen dar, die im Jahr 1927 installiert wurden. Auf diese Maschinen mußten die Fläschchen einzeln per Hand aufgesetzt und nach dem Füllen wieder abgenommen werden. Alle nachfolgenden Arbeitsgänge wie etwa das Verpacken waren noch per Hand zu erledigen. Zwölf solcher Maschinen mit einer Kapazität von jeweils 1650 Fläschchen pro Stunde wurden insgesamt aufgestellt. Drei Jahre später kam eine Fußschaltung für die Abfüllmaschinen hinzu. Ab 1932 wurde das Waschen und Trocknen der Fläschchen, das vorher per Hand geschehen war, durch eine Zentrifuge vereinfacht. Der 1936 eingeführte Schraubverschluß statt des bisher verwendeten Korkens bedeutete eine weitere Rationalisierung. Eine Maschine, die zusätzlich noch das Verpacken der Fläschchen abwickeln konnte, wurde im übrigen erst 1959 nach vielen Entwicklungsversuchen in Betrieb genommen.

Im Jahr 1900 hatte man in der Lutterstraße mit einigen wenigen Maschinen die industrielle Produktion begonnen; 1925 umfaßte das Unternehmen, neben den bereits genannten Automaten, auch eine hohe Zahl von speziell entwickelten Maschinen für die verschiedensten Bereiche: Die Kartonagefabrikation umfaßte 44, die Buchbinderei und -kleberei 16, die Tischlerei 26 und die Kistenmacherei 18 Spezialmaschinen. Die Faltschachtel- und Beutelfabrikation arbeitete mit 29 und die Handwerkerabteilung mit 12 speziell entwickelten Maschinen.

Das Unternehmen Oetker strebte zeitgleich mit dem zügig vorangetriebenen Ausbau des Stammhauses in Bielefeld und dem Bau von Zweigwerken im Deutschen Reich die Expansion ins europäische Ausland an. Ein erstes Zweigwerk in Österreich, in Baden bei Wien, existierte ja bereits seit 1908 und unterhielt Schwesterproduktionsstätten im tschechischen Brünn, in Budapest sowie im jugoslawischen Marburg. Als Folge des Weltkrieges, in dem alle deutschen Unternehmen ihren Auslandsbesitz verloren hatten, war das Badener Zweigwerk in fremde Hände geraten. 1925 begannen erste Verhandlungen mit dem neuen Eigentümer Gustav Hornberg, der ursprünglich Prokurist im Bielefelder Stammhaus gewesen war. Später zum Kommerzienrat ernannt, stellte Hornberg Oetker-Produkte unter Lizenz her, um sie in Österreich zu verkaufen. Doch erst 1938 konnten, nach langen Bemühungen Kaselowskys um eine engere Zusammenarbeit, die beiden Betriebe wieder zusammengeführt werden. Bis in den Zweiten Weltkrieg hinein wurden von hier aus, unter der Leitung von Walter König und Rudolf König, die Betriebe in Ungarn, Rumänien, Jugoslawien und der Tschechoslowakei geleitet.

1925

Zwei der berühmtesten Filmwerke entstehen: Charlie Chaplin begründet mit „Goldrausch" seine Karriere, der Russe Sergej Eisenstein schreibt mit „Panzerkreuzer Potemkin" Filmgeschichte.

Elsaß-Lothringen war 1919 an Frankreich abgetreten worden; Luxemburg hatte die Zollunion mit dem Deutschen Reich verlassen. Der langjährige Bielefelder Vertreter für diese beiden Gebiete, Adolf Ancel, vertrieb hier weiterhin Oetker-Produkte, die in einer neuen Produktionsstätte in Straßburg hergestellt wurden. Im übrigen Frankreich

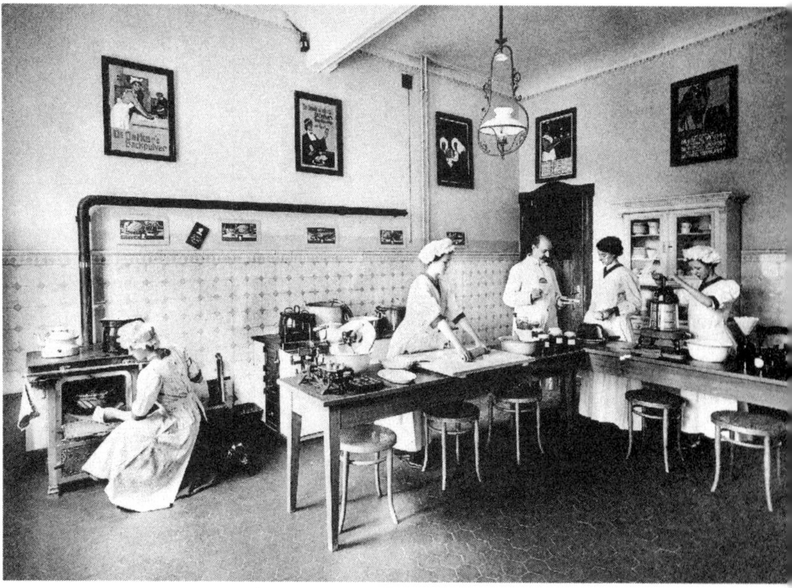

Immer wieder alles neu ausprobieren: frühe Versuchsküche im Oetker-Werk

konnte er die Oetker-Produkte unter dem Markennamen Ancel anbieten.

Um in den nach dem Versailler Vertrag abgetretenen Ostgebieten sowie Polen und den baltischen Ländern weiterhin Oetker-Produkte verkaufen zu können, wurde 1922 in Oliva bei Danzig eine selbständige Filiale eröffnet. Weitere neue Produktionsstätten und Vertriebsgesellschaften gründete das Oetker-Unternehmen in Italien, Holland, Belgien, Luxemburg, Dänemark und Norwegen. In den Jahren zwischen 1927 und 1929 war man dabei besonders erfolgreich. Alleinvertretungen wurden in Schweden, England, der Schweiz, Spanien, Portugal, Brasilien und den USA vergeben.

Schon bald umspannte das Netz der Oetker-Betriebe ganz Europa; zahlreiche Länder in Übersee wurden beliefert.

Bereits während ihrer gemeinsamen Studienzeit hatten sich die beiden Freunde Rudolf Oetker und Richard Kaselowsky für die Seeschiffahrt begeistert. Kaselowsky besaß sogar eine große Modellsammlung. Aus dieser Zeit stammte Kaselowskys Idee, sich an der deutschen Handelsflotte zu beteiligen. So erwarb er 1928 eine Beteiligung an einem der ersten Tankschiffe namens „Winnetou". An der Hamburg-Südamerikanischen Dampfschiffahrtsgesellschaft („Hamburg-Süd"), deren Flaggschiff die „Cap Arcona" war, beteiligte sich das Haus Oetker dann in den dreißiger Jahren mit 25 Prozent. 1937 übernahm Kaselowsky einen Sitz im Aufsichtsrat der Hamburg-Süd und verschaffte seinem Stiefsohn Rudolf August Oetker 1942 dort ebenfalls einen Sitz. Darüber hinaus erwarb der Finanzexperte Kaselowsky einige Aktien der Vereinsbank in Hamburg und die Majorität am Bankhaus Hermann Lampe, das 1852 gegründet worden war und nach dem Zweiten Weltkrieg vollständig in den Besitz der Familie Oetker übergehen sollte. Auch von der Chemischen Fabrik Budenheim bei Mainz, dem Rohstofflieferanten für das Backpulver, kaufte Kaselowsky in den zwanziger Jahren Anteile. Hier konnte er sich auf Verhandlungen stützen, die bereits Dr. August Oetker mit dem Chemiewerk begonnen hatte. Dieser Betrieb ging schließlich ganz in Oetkerschen Besitz über (und trägt heute den Firmennamen Chemische Fabrik Budenheim Rudolf A. Oetker).

Das Unternehmen Dr. Oetker war, obwohl seit vielen Jahren fest auf dem Markt etabliert, nicht gegen Angriffe von Konkurrenten aus der Backpulverbranche gefeit. Von Zeit zu Zeit entstanden neue Konkurrenzbetriebe, oder kleinere Unternehmen versuchten, Dr. Oetker Marktanteile streitig zu machen, indem sie seine Produkte oder Verpackungsgestaltung nachahmten. Nur seine Qualität und eine gleichbleibend starke Werbung sicherten der Firma die kontinuierliche Vorrangstellung auf dem Markt.

Da sich einfache chemische Grundstoffe wie Stärkemehl oder Backpulver nicht patentieren lassen – lediglich Markennamen und Markenzeichen können durch ein Patent geschützt werden – war man also vor Nachahmern nie sicher. Hatte der Firmengründer bereits 1909 und 1912 in den drei Firmen Reese, Dr. Crato & Co. sowie Hansa, Stahmer & Wilms ernstzunehmende Konkurrenten erkannt und diese aufgekauft, so sah sich 1935 auch sein Nachfolger Kaselowsky durch eine ehemalige Mitarbeiterin in die Enge getrieben. Die Österreicherin Malwine Fortomarovic produzierte nach ihrem Ausscheiden bei Oetker selber Backpulver. Sie vertrieb es unter der Bezeichnung „Tante Forto's Backpulver". Kaselowsky gelang es mit Hilfe der „Abteilung für Berufsmoral", die Österreicherin aus dem Reichsgebiet verweisen zu lassen. Zu Hilfe kamen Kaselowsky dabei seine Beziehungen zu höchsten Stellen im Reich. Seit dem 1. Mai 1933 Mitglied der NSDAP, galt er den Nationalsozialisten als „ausgesucht politisch zuverlässig und loyal". Sein Betrieb erhielt zum Beispiel

1935

Der Berliner Ingenieur Konrad Zuse baut in Berlin eine Rechenmaschine, die mit Hilfe von Lochstreifen arbeitet. Der Computer ist erfunden. Das erste funktionierende Gerät hat etwa Zimmergröße.

1937 als NS-Musterbetrieb die Auszeichnung der „Goldenen Fahne“. 1939 schließlich trat Kaselowsky dem „Freundeskreis des Reichsführers SS Heinrich Himmler“ bei. Es handelte sich hierbei um eine Vereinigung von SS-Funktionären und einigen ausgewählten Wirtschaftsführern, die für die „Pflege guter Beziehungen zwischen den Mächtigen der Politik und Wirtschaft“ zuständig war. Der Kreis hatte im November 1939 nur 36 Mitglieder, darunter neun hohe SS-Führer oder wichtige Funktionäre der Nationalsozialisten, die übrigen waren „Spitzen der Wirtschaft“. Dieser Freundeskreis, der Heinrich Himmler an dessen Geburtstag alljährlich Zehntausende von Mark zur freien Verfügung stellte, stattete bisweilen auch Konzentrationslagern Besuche ab (1937 dem KZ Dachau, 1939 dem KZ Oranienburg). Die Mitgliedschaft in diesem Freundeskreis verhalf zu wichtigen Beziehungen und war beispielsweise für die Sicherung von ausreichenden Rohstoffzuteilungen wichtig. Denn seit die Parole „Kanonen statt Butter“ im Dritten Reich in den Vordergrund gerückt war, wurde es nach und nach immer schwieriger, ausreichende Mengen an Nahrungsmittel-Rohstoffen sowie Verpackungsmaterial zu erhalten. Es schien Kaselowsky von Nutzen, einen besonderen Kontakt zu den Reichsbehörden und Ministerien zu pflegen, um rechtzeitig „dabei zu sein“ und bei den Verteilungen der Rohstoffe zum Zuge zu kommen, um nicht Einbußen bei den Umsätzen zu erleiden.

Das Unternehmen, das Richard Kaselowsky schließlich bei seinem überraschenden Tod 1944 den beiden Stiefkindern Ursula und Rudolf August Oetker hinterließ, hatte eine stattliche Größe erreicht. Nicht nur das bereits unter dem Firmengründer Dr. August Oetker stark expandierte Stammhaus in Bielefeld, sondern auch einige weitere Betriebe der Nahrungsmittelbranche gehörten dazu, wie zum Beispiel die übernommenen Firmen Reese in Hameln und Dr. Crato in Bielefeld oder auch die Produktionsstätten in Hamburg und Straßburg. Back- und Kochbücher wurden im unternehmenseigenen „Ceres-Verlag Rudolf August Oetker KG“ in Brackwede, einem Ortsteil von Bielefeld, produziert. Prospekte stellte die hauseigene Großdruckerei E. Gundlach KG in Bielefeld her. Die eigens gegründete Werbegesellschaft Omnia kümmerte sich um das Marketing des Unternehmens. Im Besitz der Familie Oetker war neben den oben genannten diversen Beteiligungen an Banken und Schiffahrtsunternehmen auch Brenner's Park-Hotel in der Lichtenthaler Allee in Baden-Baden, das die Witwe Lina Oetker gekauft hatte und das ihr Enkel Rudolf August Oetker später als „unser Familienhotel“ bezeichnete.

Soziales Engagement

Dr. August Oetker hatte zeitlebens ein Ohr für die Sorgen und Nöte seiner Mitarbeiter. Nicht nur war er für seine Angestellten jederzeit zu sprechen, sondern er versuchte auch, plötzliche Not durch finanzielle Unterstützung zu lindern, wo er konnte. Seine Freigebigkeit zeigte sich auch darin, daß er an seine Mitarbeiter Gratifikationen verteilte. Großzügig waren auch seine Stiftungen für die Stadt Bielefeld, für den Naturschutzverein oder für die Kaiser-Wilhelm-Gesellschaft zur Förderung der Wissenschaften.

Diese Tradition des Hauses wurde in den folgenden Jahrzehnten aufrechterhalten. So stiftete Augusts Witwe Caroline Oetker der Stadt Bielefeld 1930 ein Konzerthaus, das dem Andenken ihres im Krieg bei Verdun gefallenen Sohnes gewidmet war. Rund um die Fabrikgebäude wurden Grünanlagen zur Erholung der Mitarbeiter angelegt, es entstanden Krippen für die Kinder der Angestellten sowie ein Baderaum, um sich nach der Arbeit waschen zu können. Die Betriebsleitung spendete Erfrischungen in den Pausen und veranstaltete regelmäßige Betriebsausflüge. Ebenfalls in den zwanziger Jahren wurde eine Betreuungsstelle für die Mitarbeiter eingerichtet.

1936

In der Nähe von Mannheim wird die erste deutsche Autobahn-Raststätte eröffnet. Mit Schnellgerichten sollen die Autofahrer die Möglichkeit bekommen, ihre Pausen kurz zu halten.

Bedeutsamer war jedoch die Einrichtung einer Pensionskasse im Jahr 1936. Schon August Oetker hatte langjährigen Mitarbeitern eine Rente bezahlt. Nachdem der Betrieb beträchtlich erweitert worden war, wurde durch die neugegründete Pensionskasse nun die Altersversorgung aller Oetker-Mitarbeiter gesichert. Die Arbeitnehmer mußten für diese Kasse keine Beiträge zahlen und bekamen die Pension später, abhängig von Dienstzeit und Arbeitsentgelt, unabhängig von der gesetzlichen Altersrente ausbezahlt. Im Zweiten Weltkrieg gingen die Ersparnisse der Kasse natürlich verloren, wurden jedoch in den folgenden Jahren rasch wieder mit Hilfe aller Mitarbeiter aufgefüllt, damit den Arbeitern, Invaliden, Witwen und Hinterbliebenen weiterhin eine kleine Rente gezahlt werden konnte.

Auch Ida Kaselowsky hatte einige Ideen zu wohltätigen Spenden des Unternehmens. Manches von dem, was in den zwanziger und dreißiger Jahren an sozialen Einrichtungen geschaffen wurde, geht auf ihre Initiative zurück. So war ihr ganz besonders am Wohl der Mitarbeiterinnen gelegen, die den größten Teil der Oetker-Belegschaft stellten. Auf Ida Kaselowskys Initiative hin wurden vier Ferienheime gegründet, in denen Frauen und Kinder Kuren bzw. Urlaub machen konnten. Begonnen hatte man mit dem kleinen Blockhaus „Schneewittchen“ in Ahlbeck an der Ostsee, das aber mit seinen sechs Betten nur begrenzten Platz bot. Es wurde veräußert und statt dessen das Haus Ilse in Niendorf an der Ostsee eingerichtet, das seinen Namen in den dreißiger Jahren nach Richard Kaselowskys Tochter Ilse, verheiratete Broelemann, erhielt. Bis 1962 wurde es als Erholungsheim für Werksangehörige genutzt. Weitere firmeneigene Ferienheime waren das Schloß Tutzing in Starnberg, der Sternhof bei Paderborn und ein Haus auf Juist.
Außerdem wurde auf Ida Kaselowskys Anregung ein Eßraum eingerichtet und 1927 dafür gesorgt, daß für die Arbeiter täglich ein warmes Mittagessen gekocht wurde. Zunächst kochte man in der alten Lehr- und Versuchsküche, später in einer eigens eingerichteten großen Betriebsküche im Neubau an der Lutterstraße. Hier wurde die Belegschaft jeden Tag versorgt – ein Essen kostete damals 30 Pfennig. Auch ein großer Speisesaal kam hinzu.

Das Unternehmen Oetker beteiligte sich auch am sozialen Wohnungsbau. Da in den zwanziger und dreißiger Jahren Wohnungsmangel herrschte, beschloß Richard Kaselowsky, die Siedlungstätigkeit seiner Mitarbeiter zu fördern. Die Firma Oetker vergab Hypotheken und Kredite an Siedler, die sich selbst an der Finanzierung und am Hausbau beteiligten. Auf diese Weise entstand ab den zwanziger Jahren die Bielefelder Siedlung „In der Senne". Hier fanden viele Belegschaftsmitglieder ein eigenes Zuhause; die Arbeitersiedlung steht heute noch. Nach dem Zweiten Weltkrieg wurde diese Art des Wohnungsbaus im übrigen wieder aufgegriffen, wie überhaupt der Enkel Rudolf August Oetker an die Tradition des sozialen Engagements für seine Mitarbeiter anschloß, die seit den Tagen des Firmengründers für das Haus bestimmend war.

Die Kunst der Verpackung

Dr. August Oetker hatte die Verbindung zu den Hausfrauen als lebenswichtig für sein Unternehmen angesehen. Richard Kaselowsky und Louis Oetker knüpften nahtlos an die Tradition an, auf die Wünsche der Kundinnen einzugehen, und betrieben weiterhin eine intensive Werbung. Einige Konstanten der Oetker-Werbung, wie die der Qualität, der Verpackung und des Kochbuchs, behielten sie unverändert bei; in anderen Bereichen erschien es empfehlenswert, Neuerungen einzuführen oder sich an modernen Formen der Werbung, wie beispielsweise der aufkommenden Rundfunkwerbung, zu beteiligen.

Dr. Oetker hatte bereits in seinen ersten Veröffentlichungen am Ende des 19. Jahrhunderts darauf hingewiesen, daß die Qualität seiner Produkte absolut verläßlich sei: „Für reine Qualitäten leiste ich volle Gewähr.“ Die Beschwörung der traditionellen Oetker-

Mit allen Sinnen den Käufer ansprechen: verschiedene Oetker-Verpackungen

Qualität blieb bis in die dreißiger Jahre hinein das wichtigste Verkaufsargument in der Reklame. Der Hausfrau wurde durch die gleichbleibende Qualität der Produkte garantiert, daß ein Mißraten ihres Backwerks völlig ausgeschlossen sei und daß auch dessen Geschmack immer gleich gut bleibe. Die Betonung der erstklassigen Qualität blieb im übrigen bis in die sechziger Jahre hinein eine Konstante der Plakatwerbung: Ihre Hinweise auf die „guten Helfer" und die „guten Sachen" lassen sich deutlich als Fortführung dieser alten Strategie deuten.

Das Markenzeichen des „Hellkopfes“ war seit 1900 der Hausfrau ein fester Begriff. Lediglich in den Anfangsjahren in verschiedenen Varianten in der Werbung eingesetzt, behielt es in der folgenden Zeit sein unverändertes Aussehen bei: ein heller Frauenkopf in rotem Oval. Unschätzbar ist der Wert eines solchen bekannten Markenzeichens. 1926 wurde es zum ersten Mal leicht modifiziert und in den fünfziger Jahren noch einmal variiert. Auch die von Dr. Oetker bereits in den ersten Jahren der Back- und Puddingpulverproduktion gewählten „Hausfarben“ Rot, Gelb und Braun blieben bestehen. Sie verstärkten den Wiedererkennungseffekt der Markenartikel.
Die Packungsbilder und Motive der Zeitungswerbung waren anfangs stark an der Mode des Jugendstils orientiert, die um die Jahrhundertwende aufgekommen war. Damen an Kaffeetafeln, singende Köche, von Kindern umschwärmte Mütter beim Backen und zufrieden strahlende Kinder gehörten zum schwarzweiß dargestellten Repertoire der oft nur briefmarkengroßen Zeitungsinserate.

Erst Anfang der dreißiger Jahre wurden nach und nach die Packungsbilder aller Produkte modernisiert. 1934 wurden mehrere Schriftzeilen mit dem sich wiederholenden Schriftzug „Dr. Oetker – Dr. Oetker“ schräg über alle Beutelecken angebracht, bei Faltschachteln auf einem Schriftband. Der Herstellername Dr. Oetker wurde nach der handschriftlichen Unterschrift umgestaltet. Der auf diese Weise mehrmals hervorgehobene Name diente hauptsächlich dazu, die Verpackungen deutlicher von denen der nachahmenden Konkurrenz

abzuheben. Strenges schnörkelloses Design ohne Abbildungen kennzeichnete diese neue Phase der Beutelgestaltung. Bis in die späten fünfziger Jahre hinein blieb man bei dieser graphischen Lösung, bis die ersten vielfarbigen und wechselnden Abbildungen von Backwerk und Pudding sie ablösten.
Traditionsbewußt verfuhr man auch mit dem Slogan „Ein heller Kopf nimmt stets Oetker", der noch vom Firmengründer stammte. Er wurde, neben dem Markenzeichen des „Hellkopfes", bis in die fünfziger Jahre hinein verwendet.

Von Anfang an hatte Dr. Oetker seine Kundinnen mit immer neuen Rezepten versorgt. Gesammelt erschienen sie in Broschüren oder umfangreichen Kochbüchern, die häufig Neuauflagen erfuhren. So gab es seit 1910 ein kleines Rezeptbüchlein in grauem bzw. rotbraunem Pappumschlag, betitelt „Ein heller Kopf verwendet nur Dr. Oetker's Rezepte". Daraus entwickelte die Marketingabteilung 1925 das Grundbackbuch *Backen macht Freude,* das im hauseigenen Ceres-Verlag gedruckt wurde. Es wurde noch etliches an Inhalt und Form geändert. Auch das gut eingeführte Schulkochbuch, das bereits 1911 erschienen war, konnte (besonders nach 1925) in immer neuen Auflagen verkauft werden. Mit den kleinen Rezeptblättern und Prospekten, die noch genauso verteilt wurden wie in den Tagen der Backpulvererfindung, teilte das Haus Oetker seinen Kunden auch stets Neuigkeiten mit, sei es nun über verbesserte Produkte oder Informationen anderer Art: Zu Kriegszeiten wurden manche Kuchen im Rezept als „besonders für das Feldpostpäckchen geeig-

Pflegen des Markenzeichens: verschiedene Oetker-Produkte

net" angepriesen und die Hausfrau wurde ermahnt: „Kaufen Sie nur Ihren jedesmaligen Bedarf an Backpulver, damit alle Hausfrauen etwas bekommen."

Louis Oetker hatte sich bereits zu August Oetkers Lebzeiten um die Werbung gekümmert, die dem Gründer ganz besonders am Herzen gelegen hatte. Nach dessen Tod leitete Louis die Werbeabteilung und zeichnete verantwortlich für viele der neuen Ideen, die nun umgesetzt wurden. Der Einstieg in die Film- und Rundfunkwerbung war nur eine der erfolgversprechenden Initiativen. Zum aktuellen Programm gehörten auch die Einrichtung von Backschulen und der Bräute-Lehrküche, eine verstärkte Ladenwerbung und das Aussenden der sogenannten Oetkerwagen in alle Teile des Landes.

Größe und Einfluß des Nährmittelunternehmens Dr. Oetker, das sowohl vor als auch nach dem Ersten Weltkrieg hervorragende Bilanzen zu verzeichnen hatte, dokumentierten sich unter anderem darin, daß Richard Kaselowsky in den zwanziger Jahren einen Sitz im Aufsichtsrat der Deutschen Bank AG erhielt, des damals größten deutschen Kreditinstituts. Dort saß er bis 1930 gemeinsam mit Dr. Hugo Henkel, dem erfolgreichen Waschmittelfabrikanten. Die beiden Großunternehmer beschlossen, mit einer völlig neuen Idee eine gemeinsame Werbekampagne zu starten: mit Koch- und Waschkursen für junge Frauen. In den sogenannten Oetker- und Persilschulen vieler deutscher Großstädte lernten angehende Hausfrauen das Kuchenbacken und Wäschewaschen, natürlich mit Dr. Oetker- und Persil-Produkten. Gratisproben von Dr. Oetker-Produkten und den Waschkessel-Rührknüppel von Henkel durften die Damen mit nach Hause nehmen. Der Rührknüppel war beim Nachwuchs sehr beliebt – nicht etwa, um der Mutter beim Waschen zu helfen, sondern um damit auf den Hinterhöfen der Städte Schlagball zu spielen.

1930

In Berlin wird die siebte deutsche Funkausstellung eröffnet. Nach dem Siegeszug der Radios in wenigen Jahren hält der Physiker Albert Einstein seine berühmte Rede über „Das Wesen der Technik".

1925 gründete man die „Bräute-Lehrküche" unter der Leitung von Lotte Jahn. Hier wurden vierwöchige Lehrkurse für angehende Hausfrauen abgehalten. Den Abschluß eines solchen Kurses bildete ein Probe-Essen, an dem neben der Gründerwitwe Caroline Oetker traditionell auch Richard und Ida Kaselowsky teilnahmen.

Um Werbestrategien war man im Hause Oetker nie verlegen. Als das Vorurteil um sich griff, daß Pudding dick mache, reagierte die Werbeabteilung umgehend darauf. Aus Werbeplakaten und Inseraten erfuhr die Hausfrau Wissenswertes über die Vorteile des Puddings: Dieser habe mehr Nährwert als ein Pfund Rindfleisch, vier Liter Bier oder acht Eier und sei demnach nicht nur ein Genuß, sondern auch ein hochwertiges Nahrungsmittel.
Oder – eine andere Strategie – es wurde der Hausfrau in der Werbung suggeriert, daß es ihre vordringliche Aufgabe sei, die Familie zu verwöhnen. Bis in die sechziger Jahre hinein finden sich solche Motive in der Werbung: zum Beispiel der Ehemann, der unter dem Motto „Männer mögen ..." mit geröteten Wangen seinen Pudding verspeist, oder das schreiende Kleinkind: „Ich will meinen Dr. Oetker-Pudding!" Diese Strategie wurde übrigens auch noch in der Fernsehwerbung eingesetzt, die in den fünfziger Jahren begann.

Genial war auch die Anfang der zwanziger Jahre ausgetüftelte Idee, eigene Vorführwagen mit großem Reklameaufdruck in den Werbeaußendienst zu schicken. In diesen völlig neuartigen Werbeveranstaltungen besuchten die Mercedes-Werbewagen – mit einem riesigen Gugelhupf als Anhänger – selbst die entlegensten Dörfer und Städte. Die Vorführgruppen aus dem Bielefelder Stammhaus hielten den Hausfrauen Vorträge über Dr. Oetker-Produkte, zeigten die einfa-

Geniale Art der Warenpromotion: Oetkers berühmter Kuchenwagen in Berlin

che Anwendung und verteilten anschließend Kuchenproben. An einem Fenster hinten im Wagen spielte unterdessen ein Kasperltheater für die Kinder und brachte ihnen Dr. Oetker-Kehrreime bei. Auch Betriebe wurden von den Vorführtrupps besucht. Besonders beliebt war der Trick mit der Mandel im Kuchenstück: Wer in seinem Probehäppchen eine Mandel fand, gewann ein Dr. Oetker-Kochbuch. Diese fahrenden Vorführküchen, 80 bis 100 an der Zahl, waren bis in die späten fünfziger Jahre hinein auf Deutschlands Straßen unterwegs.

Der Zweite Weltkrieg

Nachdem die wirtschaftliche Depression in Deutschland zu Beginn der dreißiger Jahre überwunden war, hatte das Unternehmen Oetker wieder stetig steigende Umsätze zu verzeichnen. Als jedoch die deutsche Industrie zunehmend auf Kriegsgüterproduktion umgestellt wurde, machten sich erste Versorgungsengpässe bemerkbar. Da die Einfuhr von Rohstoffen für die Nahrungsmittelherstellung immer mehr beschränkt wurde, gestaltete es sich zunehmend schwieriger, Rohstoffe zu beschaffen. Die Unternehmensleitung fürchtete, daß sie die Qualität der Produkte nicht aufrechterhalten könnte und schließlich die Produktionszahlen senken müßte. Beispielsweise konnte wegen rückläufiger Einfuhr der wichtige Rohstoff Maisstärke nicht mehr hergestellt werden und mußte durch Kartoffelstärke ersetzt werden. Vor ähnlichen Problemen stand man bei dem Verpackungsmaterial. Einzig gute Beziehungen zu den Reichsbehörden und Ministerien in Berlin konnten bewirken, daß man bei der Zuteilung von Rohstoffen bedacht wurde und so die Produktion aufrechterhalten werden konnte. Doch das Unternehmen Oetker befand sich als Nahrungmittelkonzern in einer denkbar guten Position. Nicht nur werden Nahrungsmittel auch in Kriegszeiten benötigt, sondern die Regierung bewertete die Pulver aus den Bielefelder Werken als sehr wichtig: Der Pudding wurde 1939 als unentbehrliches Lebensmittel eingestuft, und Dr. Oetker Puddingpulver erhielt einen eigenen Abschnitt auf der Lebensmittelkarte. So war die Lage zu Beginn des Zweiten Weltkriegs anfangs günstiger als im Ersten

Weltkrieg. In den sechs Kriegsjahren wurde die Puddingversorgung der Bevölkerung per Marke gesichert. Mehr als gesichert war daher auch die Produktion in Bielefeld: Bei Ausbruch des Krieges konnten die Produktionszahlen noch gesteigert werden, da die Hausfrauen immer mehr dazu übergingen, selbst zu backen. Lediglich die Rohstoffprobleme und der Mangel an Papier und Pappe machten eine kontinuierliche Produktion immer schwieriger. Dann bewirkten jedoch Bombenschäden und andere Kriegseinwirkungen, daß einige Abteilungen nach auswärts umgesiedelt werden mußten. Auch schmerzliche Verluste an Personal kamen hinzu.

Der Enkel oder der Weg zur Diversifikation (1944 bis 1980)

Beide Eltern Kaselowsky sowie ihre beiden Töchter, Halbschwestern Rudolf Augusts, starben bei dem verheerenden Bombenangriff auf Bielefeld am 30. September 1944, der große Teile der Stadt zerstörte und insgesamt 649 Menschenleben forderte. Eine Bombe hatte genau den Luftschutzkeller der Oetker-Villa getroffen. Die Stadt wurde wohl auch wegen der vielen Rüstungsbetriebe, die sie beheimatete, zum Ziel des massiven Angriffs. Rudolf August Oetker mußte ab sofort, erst 28jährig, das Unternehmen alleine führen. Dank der Vorbereitung durch seinen Stiefvater und einer soliden Ausbildung gelang ihm der Einstieg gut, obwohl die Situation direkt nach dem Zweiten Weltkrieg alles andere als einfach war. Er führte das Familienunternehmen in den Jahren nach dem Krieg wieder zum Erfolg. Eine große Hilfe war es dabei für ihn, daß die Treue der Hausfrauen zu den Produkten Oetkers nach wie vor ungebrochen war, was hauptsächlich auf die verläßliche Qualität zurückzuführen ist, die vom Großvater eingeführt und vom Stiefvater beibehalten worden war. Doch trug der Enkel ebenso sein Scherflein zum nachhaltigen Aufschwung des Unternehmens bei: Sein Vorstoß in neue, dem Stammhaus völlig fremde Unternehmenszweige – getreu dem Motto des Hauses: „Man darf das Schiff nicht an einen einzigen Anker und das Leben nicht an eine einzige Hoffnung binden" – sicherte dem Konzern in den nächsten Jahrzehnten nicht nur stets ausgewogene Bilanzen, sondern auch erhebliche Gewinnzuwächse.

Nach dem Abitur am Bielefelder Ratsgymnasium im Jahr 1935 und einem Volontariat wurde Rudolf August Oetker, gerade zwanzig Jahre alt, zum Arbeitsdienst eingezogen. 1937 begann er eine Ausbildung zum Bankkaufmann bei der Vereinsbank in Hamburg, an der die Familie Oetker auch eine Beteiligung besaß, und schloß sie 1939 mit dem Bank-Examen bei der IHK ab. Knapp 30 Jahre später bekannte Oetker, das Bankgewerbe sei „das einzige, was ich wirklich gelernt habe". Bei Ausbruch des Krieges wurde Rudolf August in einer Aufklärungsabteilung und einer SS-Verpflegungseinheit eingesetzt, doch mußte er wegen einer schweren Erkrankung den Wehrdienst vorzeitig abbrechen. Nach seiner Genesung war es ihm zeitweise möglich, im Stammhaus und in einem Zweigwerk des Familienunternehmens zu arbeiten. Bereits 1941 trat Rudolf August Oetker in die Firmenleitung ein und arbeitete dort Seite an Seite mit seinem Stiefvater Richard Kaselowsky. Als dieser dann 1944 ums Leben kam, stand Rudolf August vor der Aufgabe, das Familienimperium alleine zu führen. Die große Leistung, das Unternehmen aus Trümmern wiederaufgebaut zu haben, schmälerte er Jahrzehnte später mit den Worten: „Das kommt ganz von selbst – und dazu noch das Image." Nach dem Kriegsende im Mai 1945 wurde Rudolf August Oetker zunächst einmal von den Alliierten im Lager Staumühle interniert. In dieser schlimmen Zeit war er so schweren Mißhandlungen ausgesetzt, daß er bei seiner Rückkehr am Stock ging. Hinter dem Stacheldraht hatte den jungen Unternehmensleiter noch 1945 ein Kaufangebot aus dem Ausland erreicht, das er jedoch abgelehnt hatte, um selbst an die Firmenspitze zurückzukehren.

Was der Gründerenkel in Bielefeld vorfand, glich seinen Angaben zufolge mehr einem Trümmerhaufen als einem intakten Betrieb. 1946 machte er sich an den schwierigen Wiederaufbau des Unternehmens und die Neuordnung der Verkaufsorganisation. Kriegsschäden an den Firmengebäuden waren zu beseitigen. Der Mangel an Arbeitskräften, Rohstoffen und Papier sowie Transportschwierigkeiten machten eine geregelte Produktion zunächst einmal unmöglich. Auch waren im Verlauf des Zweiten Weltkriegs die mühsam aufrechterhaltenen Verbindungen zu den Oetker-Auslandsfilialen unterbrochen worden, deren Produktion nun zum großen Teil stillstand. Einige Oetker-Tochtergesellschaften im Ausland samt dazugehörigem Vermögen wurden nun von den Alliierten beschlagnahmt und enteignet. Auch das Markenzeichen und selbst der Firmenname Oetker wurden dabei mitverkauft. Dies sollte in den folgenden Jahren die Bemühungen Oetkers erschweren, die Auslandsniederlassungen neu aufzubauen. Doch zunächst einmal ging es darum, in dieser wirtschaftlich schweren Zeit das Unternehmen überhaupt am Leben zu erhalten. Denn 1945 war die Versorgung in Deutschland vollständig zusammengebrochen. Auch in den folgenden Jahren erreichte die Versorgung der Bevölkerung mit Lebensmitteln nicht einmal das Existenzminimum; die Lebensmittelrationierung konnte erst 1950 aufgehoben werden. Die Besatzungsmächte sperrten Transportwege und demontierten die Industrie 1946 auf 50 Prozent des Vorkriegsstands. Da bot die Währungsreform im Juni 1948 einen ersten Lichtblick: Es kam wieder Geld in Umlauf. Die Gründung der Bundesrepublik Deutschland ein Jahr darauf gab den Menschen weiteren Auftrieb. Als 1950 die letzten Zuckermarken gefallen waren, setzte der freie Wettbewerb wieder ein. Nun begannen die Jahre des deutschen Wirtschaftswunders mit hohen Zuwachsraten des Bruttoinlandsprodukts; die Arbeitslosigkeit schrumpfte rasch, der Konsum wurde angekurbelt.

Wegen der Aufteilung des Landes in Besatzungszonen konnte das Oetker-Unternehmen zunächst keine Verbindung zu den Produzenten der Mais- und Kartoffelstärke sowie der Backpulver-Rohstoffe in anderen Zonen aufnehmen; an Zucker war überhaupt nicht zu kommen. So entstanden viele kleine Betriebe in den drei westlichen Zonen, die Zutaten herstellten oder selbst Backpulver produzierten. Die Aromafläschchen beispielsweise ließ man nun von Thüringer Glasbläsern anfertigen, die eigens nach Bielefeld geholt worden waren. Not macht erfinderisch: Da an Mehl und Stärke nicht zu kommen war, improvisierte man bei Dr. Oetker mit dem 1947 aus den USA importierten Maismehl und entwickelte neue Rezepturen. Noch waren die Zuckerpreise sehr hoch, der Rohstoff Vanillin war kaum erhältlich. Doch schon 1948 waren dank des Marshallplans erste Verbesserungen spürbar; Lebensmittel und Rohstoffe kamen in größeren Mengen ins Land. Mit seinen Verarbeitungsbetrieben mußte Dr. Oetker dorthin ziehen, wo die benötigten Rohstoffe hergestellt wurden. Aus dieser Notlage heraus entwickelte sich die Idee, sobald wie möglich eigene Rohstoffabriken zu bauen und auch den Rohstoffimport mit eigenen Export- und Importfirmen selbst zu betreiben. Eine Maisstärkefabrik in Hamburg am Grünen Deich, 1950 in Betrieb genommen, machte den Anfang, ein Werk in Berlin folgte 1951, dann eine chemische Fabrik für Aromastoffe und ein Werk in Passau. 1952 wurde ein Gebäude für Papierverarbeitung in Bielefeld-Brackwede errichtet. Oetker stieg in den Rohkakaohandel ein und produzierte selbst die Rohstoffe Kakaopulver und -butter; 1954 gründete er die Orimex-Handelsgesellschaft für den Rohkakaoimport.

Dem Unternehmensleiter standen zwar nicht die älteren Generationen beratend zur Seite, doch konnte er sich auf viele frühere Mitarbeiter des Hauses verlassen, die inzwischen zurückgekehrt waren. Daß die Umsätze des Unternehmens bald wieder kräftig stiegen, war letztlich darauf zurückzuführen, daß die Marke Oetker bei den Hausfrauen einen guten Ruf besessen hatte und daher nicht in Vergessenheit geraten war: „Nur wegen des Namens Oetker" habe er die Firma wieder aufbauen können, äußerte sich Rudolf August Oetker später einmal dazu. Doch da er immer wieder stolz betonte, das Oetkersche Unternehmen habe seit der Gründung „noch nie einen Verlust unterm Strich gehabt", kann man getrost davon ausgehen, daß es dem Familienunternehmen auch in den Jahren des Wiederaufbaus finanziell durchaus gutging.

1953

Als die Jahre des schlimmsten Hungers und anderer Sorgen vorüber waren, erlebte die Nahrungsmittelbranche in Deutschland einen starken Aufschwung. Groß war der Nachholbedarf der Konsumenten, die sich nach dem in langen Kriegsjahren angestauten Hunger auf Süßes erst einmal auf die Lebensmittel stürzten. So folgte der Währungsreform die sogenannte „Freßwelle", die besonders die Umsätze des Oetker-Konzerns nach oben trug. Die Produktion erreichte 1953/54 mit 7000 Tonnen Backpulver und 27.500 Tonnen Puddingpulver ihren Höhepunkt. 1956 wurden „nur" 6300 Tonnen Backpulver verkauft, dafür aber 30.500 Tonnen Puddingpulver. Bei einem geschätzten Jahresgewinn von 15 bis 25 Millionen DM zu jener Zeit (erst ab 1971 veröffentlichte der Konzern wegen der Vorschriften des erweiterten Publizitätsgesetzes eine Jahresbilanz) und nach einem Blick auf die Investitionstätigkeit des rührigen Erben wird verständlich, weshalb der Oetker-Konzern schon in den fünfziger Jahren als einer der ganz Großen in Deutschland galt.

Die Krönung von Elisabeth II. zur Königin von Großbritannien ist das erste Großereignis, das vom Fernsehen live übertragen wird und in Deutschland die Zuschauer in Massen vor den wenigen Empfangsgeräten vereint.

Mit dem Aufschwung des Oetker-Unternehmens in den fünfziger Jahren begann die Phase der erfolgreichen „Diversifikation“: der Vorstoß in andere Bereiche außerhalb des traditionellen Markts von Süßspeisen und Backartikeln. Die Grundlagen hatte schon Dr. Kaselowsky mit dem Erwerb von Schiffahrts-, Chemie- und Bankaktien gelegt. Rudolf August Oetker beschloß nun, sein Unternehmen im größeren Stil auf teils dem Stammhaus verwandte, teils aussichtsreiche fremde Unternehmenszweige auszudehnen. Er wählte die Bereiche der Banken und Versicherungen, der Fischerei und der Schiffahrt sowie der Ernährungs- und Getränkeindustrie. Aspekte des Risikoausgleichs und der Ansiedlung in Branchen, die von der Konjunktur unterschiedlich stark betroffen werden, leiteten ihn bei dieser Entscheidung, die das Unternehmen gegen unvorhergesehene Marktentwicklungen absichern sollte. Gerade für ein Familienunternehmen sind in Zeiten des starken Wettbewerbs durch internationale Gruppen solche Überlegungen von zentraler Bedeutung.

Rudolf August Oetker gelang es in wenigen Jahren, eine eigene Handelsflotte aufzubauen und sich den Titel des größten deutschen Reeders zu verschaffen. Investitionen in den Schiffsbau wurden ab 1950 staatlich stark gefördert, um den Aufbau einer neuen Handelsflotte anzukurbeln (1945 war die gesamte deutsche Flotte als Kriegsfolge von den Alliierten beschlagnahmt worden). So gründete Oetker auf Anraten seines langjährigen Steuerberaters Wilhelm Kebschull die Reederei Rudolf A. Oetker, investierte seine Backpulvergewinne in Millionenhöhe größtenteils in den Schiffsbau und profi-

Vom Puddingpulver zum größten deutschen Reeder: Rudolf August Oetker

tierte so von Paragraph 7d des Einkommensteuergesetzes und vom Gesetz über Darlehen zum Bau oder Erwerb von Handelsschiffen: Darlehen an den Schiffsbau und -kauf konnten vom steuerpflichtigen Einkommen abgezogen werden; diese Gelder konnten einige Jahre lang als „verlorene Zuschüsse“ gewährt werden, die nicht zurückgezahlt und versteuert werden mußten. Beim Ausbau seiner Flotte arbeitete Oetker eng mit den beiden Banken Hermann Lampe und Erich Sültz, an denen er bereits beteiligt war, zusammen. Innerhalb weniger Jahre überflügelte er sämtliche Konkurrenten, die ihn gerade noch als „Backpulveradmiral“ verspottet hatten, und stieg zum größten deutschen Reeder mit einer Flotte modernster Tankschiffe und hoch rationalisierter Kühlschiffe auf. Auch im Bereich der Hochseefischerei gelang es ihm, durch die 80prozentige Über-

nahme der Hanseatischen Hochseefischerei AG und moderne Fabrikschiffe für Frostfisch eine starke Position einzunehmen; so konnte einige Jahre später die eigene Tiefkühlmarke „Frosti" entstehen. Oetker besaß 1966, nach Unilever („Nordsee") und der Groß-Einkaufsgemeinschaft der Konsumgenossenschaften (GEG), die drittgrößte Fischereiflotte Deutschlands mit 17 hochmodernen Fabrikschiffen. Noch 1998 galt er als größter deutscher Privat-Reeder. 1951 übernahm Oetker mehrheitlich die alteingesessene Hamburg-Südamerikanische Dampfschiffahrtsgesellschaft Eggert & Amsinck, an der schon sein Stiefvater Richard Kaselowsky Anteile erworben hatte und die später ganz in Oetkers Besitz übergehen sollte.
Zu Oetkers Handelsflotte gehörten 1957, neben der Hamburg-Süd, auch die Hamburger Reedereifirma Rudolf August Oetker KG, die Reeder-Union AG Kiel, die Florida-Schiffahrts-GmbH und die Albatros-Reederei. Die Chemische Fabrik Budenheim Rudolf A. Oetker besaß ein Schiff, ebenso die Deutsche Levante-Linie GmbH, der Oetkerschen Firma Bock, Godeffroy & Co. Zum Konzern gehörte im übrigen auch das größte unter deutscher Flagge fahrende Handelsschiff, die nach der Großmutter benannte „Caroline Oetker".

1957

In Frankfurt wird Rosemarie Nitribitt ermordet. Der Mörder des Callgirls wird nie gefunden. Der nach dem Fall gedrehte Film von Rolf Thiele hat die Heuchelei von Politik und Wirtschaft zum Thema.

Gemäß seinem Credo „Man soll nicht alle Eier in einen Korb legen" errichtete Rudolf August Oetker weitere Unternehmens-Standbeine im Bank- und Versicherungsgewerbe sowie im Brauereigewerbe. 1949 war das renommierte, hundert Jahre alte Bankhaus Hermann Lampe, an dem er bereits die Mehrheit besaß, in eine Kommanditgesellschaft umgewandelt worden. Oetker übernahm die Bank komplett, ihr Hauptsitz wurde 1951 nach Bielefeld verlegt. Vollhaftender Geschäftsführer wurde der Bankier Hugo Ratzmann. Zwar bekannte sich das Haus Oetker lange Jahre nicht öffentlich zu der Firmen-Tochter, doch wurde die Lampe-Bank nach den Grundsätzen des Hauses auch nicht zur Finanzierung großer Projekte herangezogen. Das Unternehmen Oetker erwarb außerdem die Teilzahlungs-Kreditbank Hussmann KG in Hamburg sowie die Majorität am Bankhaus Erich Sültz KG, ebenfalls Hamburg, und an der Frankfurter Bank für Brau-Industrie AG.

Um sich am damals schon lukrativen Geschäft der Versicherungen zu beteiligen, aber auch, um die hohen Versicherungsbeiträge seiner Flotte nicht vollständig in fremde Hände geben zu müssen, gründete bzw. erwarb Oetker zu jener Zeit einige Versicherungen. Unter anderem gehörten dazu die 1954/55 ins Leben gerufene Condor Transport- und Rückversicherungs-AG, die Condor Allgemeine Versicherungs-AG und die Condor Lebensversicherungs-AG. 1960 kaufte Oetker von der Deutschen Angestellten-Gewerkschaft die Versicherungsgruppe „Deutscher Ring".

1951 konnte nach Jahren, in denen wegen der Lebensmittelknappheit in Deutschland kein Export möglich war, auch der Wiederaufbau des Auslandsgeschäfts in Angriff genommen werden. 1951 und 1952 entstanden fünfzehn eigene Betriebe und Vertriebsgesellschaften im Ausland und in Übersee. Der Firmenname lautete, aus sprachlichen Gründen abgewandelt, „otker“, „oetker“ bzw. „cameo“, in Frankreich nach dem dortigen Lizenznehmer „ancel“; das Firmenlogo entsprach aber überall dem deutschen. In Deutschland gehörten neben dem Stammhaus in Bielefeld Filialen in vielen Städten sowie die Firma Reese zum Unternehmen Oetker. Und mit dem Ankauf der ETO Nahrungsmittelfabrik in Ettlingen bei Karlsruhe konnte der Nahrungsmittelbereich mit Fertigsuppen und Speisewürzen abgerundet werden. Während sich Frosti zwischen den Großanbietern Nestlé, Unilever und der GEG behaupten mußte, hatte sich die Firma ETO auf dem Fertigsuppenmarkt einen Platz zwischen den Marktführern Nestlé (Maggi) und Corn Products (Knorr) zu erstreiten.

Durch den Erwerb der Aktienmehrheit der Frankfurter Bank für Brau-Industrie AG (BfB) im Jahr 1955 wurde Oetker Mitinhaber an etlichen Brauereien, so der Berliner Kindl Brauerei AG (die heute unter anderem die Marken Potsdamer Rex Pils, Bärenpils, Berliner Kindl Weisse und Kraftmalz herstellt), der Frankfurter Binding-Brauerei AG (u.a. „Clausthaler“, „Selters“), der Dortmunder Actien-Brauerei (DAB), der Bayerischen Aktienbier-Brauerei in Aschaffenburg, der Glückauf-Brauerei AG in Gelsenkirchen, dem Hofbrauhaus Nicolay AG in Hanau und einiger weiterer. Den Getränkesektor erweiterte Oetker durch den Erwerb der Berliner Bärenbier-Brauerei, die vorher Schloßbrauerei hieß, der Sektkellerei Söhnlein Rheingold KG (Wiesbaden) im Jahr 1958 sowie der Spirituosenfirma Hermann Meyer & Co. AG (Berlin) mit 142 angeschlossenen Feinkost- sowie 14 Selbstbedienungsläden in München und Berlin („Keine Feier ohne Meyer“). 1971 kontrollierte Oetker bereits siebzehn Brauereien in Deutschland; dazu waren vier Prinz Bräu-Filialen in Italien sowie vier Beteiligungen an Brauereien in Spanien und Marokko gekommen. Eine auch nur skizzenhafte Aufzählung aller Firmen, an denen die Familie Oetker beteiligt war und ist, würde einige Seiten in Anspruch nehmen.

Das Unternehmen hatte jedoch auch einige Verlustgeschäfte zu überstehen. Neben dem Reedereisektor galt um 1950 auch die Filmproduktion als profitable Geldanlage. Also stieg der Neuerungen stets aufgeschlossene Oetker mit Julius de Crignis, einem seiner Zuckerlieferanten, und mit Dr. Alexander Grüter in die 1949 gegründete Filmfinanzierungs GmbH (Fifi) ein. Er plante, seinen Schwiegervater Schuster, den Vater seiner zweiten Frau Susanne, ins Filmgeschäft zu bringen. Doch selbst einem Oetker mißlingt einmal etwas, wenn das auch angesichts der bisher geschilderten Unternehmensgeschichte recht unwahrscheinlich erscheint: Der Einstieg in die Filmbranche erwies sich als Flop, denn von den insgesamt 19 produzierten Filmen waren nur ein einziger, nämlich „Das doppelte Lottchen“, ein Erfolg. So mußte die Filmfirma schon 1952 Konkurs anmelden; Rudolf August Oetker hatte in nur zwei Jahren Verluste in Höhe von einer Million DM erlitten. Er nahm die Sache mit Humor: „Nicht einmal eine hübsche Filmschauspielerin habe ich dabei zu Gesicht bekommen“, spottete er über sich selbst.

1957

Der Start vom ersten Weltraumsatelliten „Sputnik“ durch die Sowjetunion versetzt die westliche Welt in einen Schock, da man bisher immer vom technologischen Vorsprung der USA ausgegangen war.

Die zweite Fehlentscheidung Oetkers war es, 1957 eine eigene Fluglinie zu gründen, die alle Arten von Luftverkehr betreiben sollte: Passagier-, Charter- und Frachtverkehr sowie Flugzeughandel. Geschäftsführer war Dr. Rolf Kersten, Oetkers Schiffahrtsexperte. Die Condor Luftreederei GmbH brachte jedoch so hohe Anlaufkosten mit sich, daß Oetker sie schon bald an die Lufthansa veräußern mußte. Und als recht erfolglos erwies sich Ende der siebziger Jahre auch der Versuch, die Prinz-Bräu S.p.A. in Italien und Alaska zu etablieren. Die hochmodernen Firmengebäude, die Anfang der sechziger Jahre im italienischen Carisio, Crespellano, Ferentino und Bari entstanden, waren eigens von Oetkers Hausarchitekten, dem Hamburger Professor Cäsar F. Pinnau, entworfen worden. Der Prinz-Flop, laut Getränkechef Dr. Sandler nur einer der „kapitalen Böcke, die wir geschossen haben", wurde von Oetkers Finanzfachmann Stelbrink kunstvoll mit Gewinnen anderer Bereiche „verrechnet".

Der Oetker-Konzern, von Rudolf August Oetker gern als „Gruppe" bezeichnet, weil jedes Teilunternehmen seinen Namen und weitgehend auch die Selbständigkeit behalten hat, war in den ersten zwei Jahrzehnten nach dem Krieg sprunghaft expandiert. Die straff organisierte Zentralverwaltung saß, zahlenmäßig fast unverändert, nach wie vor in Bielefeld. Oetker selbst überwachte von hier aus streng die Geschäfte aller Unternehmen in seinem Besitz. „Wer nicht bringt, was verlangt wird, fliegt, egal aus welcher Etage", umschrieb er seine Arbeitsmoral noch 1980, kurz vor seinem Rückzug aus der Konzernspitze. Bei der Leitung seines Unternehmens standen Oetker zunächst drei langjährige Mitarbeiter des Hauses zur Seite: Theodor Delius, Jahrgang 1900, der schon unter Richard Kaselowsky Generaldirektor gewesen war, Bankier Hugo Ratzmann, Jahrgang 1898, und Dr. jur. John Henry de La Trobe, Prokurist und Oetkers Sekretär, der im übrigen Oetkers Stiefvetter ist über die Mutter seines zweiten Vaters Richard Kaselowsky. Nach Ratzmanns Tod 1960 und dem altersbedingten Ausscheiden von Delius im Jahr 1966 organisierte Rudolf August Oetker noch im selben Jahr die Führungsspitze seines Unternehmens neu. Sie sollte bis zur Übergabe des Familienunternehmens an die nächste Generation im Jahr 1981 unverändert bleiben, und die drei neuen Generalbevollmächtigten blieben auch danach dem Unternehmen durch neue Aufgaben verbunden.

Generalbevollmächtigter für die Bereiche Schiffahrt, Banken und Versicherungen wurde Dr. de La Trobe, Jahrgang 1923. 1967 wurde er zusätzlich Geschäftsführer der Oetkerschen Hamburg-Süd. Generalbevollmächtigter für Finanzen, Steuern und Rechnungswesen wurde der gelernte Finanzbeamte Rudolf Stelbrink, Jahrgang 1924. Vorsitzender der Geschäftsleitung des Stammhauses und dritter Generalbevollmächtigter, zuständig für Getränke und Nahrungsmittel, wurde schließlich Dr. Guido Georg Sandler, Jahrgang 1928. Der aus einer Kulmbacher Bierbrauerfamilie stammende Diplombraumeister ist Steuerfachmann und promovierter Volkswirt. Seit 1958 bei Oetker, hatte er seine Karriere bei der Bayerischen Aktien-Bierbrauerei Aschaffenburg begonnen, an der Oetker ebenfalls Anteile besitzt. Von vielen wurde Sandler noch 1991

für den „heimlichen Herrscher“ in Bielefeld gehalten. Er saß nicht nur in vielen Aufsichtsräten von Tochterunternehmen des Konzerns, sondern hatte Kontrollfunktion auch in etlichen familienfremden Unternehmen, wie beispielsweise beim Bauunternehmen Dyckerhoff & Widmann, beim Warenhauskonzern Hertie und der BHF-Bank.
Mit seinen drei Konzern-Strategen de La Trobe, Sandler und Stelbrink erstellte Rudolf August Oetker jeweils einen Dreijahresplan, in dem die Eckpunkte Umsatz und Gewinn, Konsolidierung und Expansion der gesamten Unternehmensgruppe festgelegt wurden. Als Inhaber war Oetker jedoch stets alleiniger Risikoträger und haftete für alle Vorgänge im Unternehmen. „Wer Unternehmer ist, muß auch dafür einstehen“, formulierte er sein unternehmerisches Credo. Aus diesem Grund hat er den Konzern auch nicht in eine Aktiengesellschaft umgewandelt.

Bereits die Jahre des Wiederaufbaus seines Familienunternehmens zeigten, daß der Gründerenkel Rudolf August Oetker die Begabung, sich zum geeigneten Zeitpunkt für das Richtige zu entscheiden, mit dem Mut zu gewagten Schritten in neuen Gebieten vereinigte. Zu Hilfe kam ihm dabei sicher seine Ausbildung zum Finanzfachmann. So gelang es ihm, alle Neuerwerbungen ohne fremdes in- oder ausländisches Kapital zu meistern – eine Gemeinsamkeit mit seinem Großvater, dem Firmengründer Dr. August Oetker.

Ein Familienunternehmen bindet das jeweilige Familienoberhaupt stark an die Traditionen des Hauses.

So verläuft dessen Unternehmenspolitik meist wertkonservativ, in weitgehend vorgegebenen Bahnen. Im Falle von Rudolf August Oetker prägte sich dieser Konservatismus vor allem im Bereich des sozialen Engagements aus. Der Gründerenkel führte damit die Tradition seiner Großeltern und Eltern fort. Die Bandbreite der Unterstützungen und Stiftungen begann beim Werkswohnungsbau in Bielefeld, Hamburg und Passau; Bombengeschädigten und Flüchtlingen wurden Baukostenzuschüsse und unverzinsliche Baudarlehen gewährt. Die Spanne reichte vom Bau eines „Gesundheitshauses“ für die Mitarbeiter bis hin zum Bau von Kindergärten in Bielefeld und Hamburg, von Studentenwohnheimen in Hamburg und Kiel sowie dem Bau eines Krankenhauses und eines Altersheims in Bielefeld. Neben diversen sozialen Leistungen wie Feriengeld, Weihnachtsgeld, Jahresabschlußvergütung und einem „Einkellerungszuschuß“ erhielten die Mitarbeiter Jubiläumsvergütungen, Heiratszuschüsse und finanzielle Geburtshilfen. Erholungsheime standen ihnen für preisgünstige Urlaube und Kuren zur Verfügung. Im Interesse der Mitarbeiter wurde 1953 die Hauszeitschrift *Der helle Kopf* gegründet, deren Herausgeber der Hamburger Professor Ferdinand Fried Zimmermann war.

Auch gegenüber seiner Heimatstadt zeigte sich Rudolf August Oetker spendenfreudig. Erwähnt seien hier nur zwei Projekte: zum einen die Kunsthalle Bielefeld, die Oetker von dem amerikanischen Museumsarchitekten Philip C. Johnson ab 1959 planen ließ; sie wurde 1968 fertiggestellt. Oetker, der den größten Teil der Halle gestiftet hatte, wollte sie eigentlich nach seinem Stiefvater Richard Kaselowsky-Haus benennen. Dies lehnten jedoch nicht nur der Bielefelder Stadtrat, sondern auch Hans Kühn, der damalige nordrhein-westfälische Ministerpräsident, ab, nachdem 1965 Details über die Vergangenheit des Oetker-Stiefvaters im Dritten Reich bekannt geworden waren. Eine zweite Spende galt den wegen Kriegszerstörung neugeschaffenen Kirchtürmen und Bronzetüren der mittelalterlichen Altstädter Nicolaikirche, direkt gegenüber der ehemaligen Aschoffschen Apotheke gelegen, in der Großvater Dr. August Oetker den Grundstein für das spätere Familienimperium gelegt hatte.

Doch einen erheblichen Nachteil hatte der unermüdliche Einsatz des Konzernchefs für das Familienunternehmen. Weil Arbeit für ihn der einzige Lebensinhalt war – was sich auch an seinem Wahlspruch „Freiheit ist Arbeit" deutlich zeigt -, zerbrachen seine beiden ersten Ehen. Aus der Ehe mit der Tochter des Fabrikanten Ahlmann aus Rendsburg hat Oetker eine Tochter, Roseli Schweizer (geb. 1940). Aus der zweiten Ehe mit Susanne Jantsch, der Tochter des Versicherungsagenten Schuster, stammen weitere vier Kinder, die alle beim Vater aufwuchsen: August (geboren 1944), Bergit (geboren 1947), Christian (geboren 1948) und Richard (geboren 1951). Im Februar 1963 heiratete Rudolf August Oetker ein drittes Mal. Seine Frau Maja (Marianne Renata Elisabeth) von Malaisé, Jahrgang 1934, eine Ururenkelin des Bildhauers Ferdinand von Miller, der die Münchner „Bavaria" geschaffen hatte, war Neuphilologin und Studienassessorin. Ihr gelang es schließlich, den Gatten mehr auf das Familienleben zu fixieren. Das Paar

Mann der Zeitgeschichte. *Der Spiegel* veröffentlicht 1957 eine Titelgeschichte über Rudolf August Oetker

bekam drei weitere Kinder, Alfred (geb. 1968), Carl-Ferdinand (geb. 1972) und Julia (geb. 1979). Rudolf August Oetker ist somit stolzer Vater von acht Kindern.

Stiefvater Richard Kaselowsky hatte in seinem Testament bestimmt, daß Rudolf August Oetker sich das Familienunternehmen mit seiner Schwester Ursula teilen müsse. Rudolf August hatte jedoch die Möglichkeit, seine Schwester auszubezahlen und tat dies teilweise bereits in den fünfziger Jahren. Nach einem Streit der Geschwister Mitte der sechziger Jahre wurde sie mit der Kochs Adler Nähmaschinen KG in Bielefeld, den Schwartauer Marmeladenfabriken sowie den Altländer Gold-Fruchtsäften in Buxtehude abgefunden. Ursula und ihr Ehemann Ernst Oetker, ein gleichnamiger Vetter vierten Grades, bewirtschaften das ererbte Rittergut Hornoldendorf bei Detmold. Sie haben zwei Söhne, Arend (geb. 1939) und Roland (geb. 1949). Dr. Arend Oetker machte sich einen Namen, indem er das ertragsschwache mütterliche Erbe sanierte und erweiterte. Sein Bruder Roland ist Anwalt am Landgericht Düsseldorf und besitzt die Roland Oetker Industrieverwaltungs GmbH.

Auch seinem Halbbruder Richard Kaselowsky junior hat Richard August Oetker sein Erbe ausbezahlt. Er wählte für sich den Bielefelder graphischen Großbetrieb E. Gundlach AG.

Den Gemischtwarenladen wachsen lassen:
Rudolf August Oetker

Oetkers Imperium zu Lande und zu Wasser (1966 bis 1980)

Nach zwei Jahrzehnten der Leitung Rudolf August Oetkers stützte sich das weltweit verzweigte Wirtschaftsimperium auf fünf Standbeine: Nahrungsmittel, Getränkeindustrie, Schiffahrt, Banken und Versicherungen. Immerhin schon 15.000 Angestellte beschäftigte der Konzern 1966. Während Deutschlands Wirtschaft in den Jahren 1966 und 1967 von der ersten Rezession der Nachkriegszeit heimgesucht wurde, war Oetkers „Gemischtwarenladen" unvermindert im Wachstum begriffen. Nach Jahrzehnten des Ausbaus konnte sich das Unternehmen jetzt verstärkt auf die Marktforschung und die Entwicklung neuer Produkte konzentrieren; moderne Vertriebs- und Werbetechniken wurden eingeführt. Die Expansion schritt auch in den nächsten Jahren unaufhaltsam voran: 1976 gehörten bereits 150 Unternehmen mit insgesamt rund 21.000 Mitarbeitern zum Oetker-Konzern. Und in einer Rangliste der größten deutschen Firmen, erstellt vom

Wirtschaftsmagazin *Capital* für 1974, rangierte der Oetker-Konzern auf Platz 35. Seine Bescheidenheit hatte der Gründerenkel dennoch nicht verloren: Statt beispielsweise ein modernes, auffälliges Verwaltungsgebäude zu errichten, beaufsichtigte er sein Imperium weiterhin von dem unscheinbaren Backsteinbau in der Bielefelder Lutterstraße aus, in dem schon sein Großvater dasselbe kleine Eckbüro genutzt hatte.
Um so intensiver wurde dagegen zum einen in neue Produktionsgebäude und -maschinen, zum anderen in angestammte und neue Marktsektoren investiert. Eine Tiefkühlkostkette und neue Produkte, vor allem im Tiefkühlsektor, kamen hinzu. Und das Image der Marke Oetker wurde, nach einer ersten Packungsneugestaltung 1956, unter Weiterentwicklung des traditionellen Logos 1969 aktualisiert.

1965

Zehn Tage lang besucht die englische Königin Elisabeth II. Deutschland und macht dabei in acht Bundesländern Station. Die Visite wird bei der Bevölkerung ein triumphaler Erfolg.

Seit 1927 waren im Bielefelder Essenzensaal zwölf Rundlauf-Abfüllmaschinen in Betrieb, die Backaromen abfüllten. Nach langen Jahren der Neuentwicklung konnten diese 1959 durch vier Hochleistungs-Automaten ersetzt werden, die zehn Arbeitsgänge ausführten und zusätzlich noch das Verpacken der Fläschchen abwickelten. 1962 konnten in der Berliner Filiale neue Betriebs- und Verwaltungsgebäude bezogen werden; 1965 wurde in einem neuen Gebäude in Bielefeld-Brackwede eine vollautomatische Beutel-Produktionsanlage in Betrieb genommen.Und 1966 entstanden schließlich in Ettlingen die modernsten Eiscremewerke Europas.

In den Wachstumsjahren des Wirtschaftswunders hatte Oetker sein Imperium konsolidiert und bereits kräftig erweitert. Einige Sparten kamen hinzu, die bisher noch keine Erwähnung gefunden haben, etwa die Wäschefabrikation und der Hotelbereich.
Im Bereich der Nahrungsmittel wurden zunächst zwei Tiefkühlkostunternehmen sowie Beteiligungen an der Süßwarenkette Hussel AG (Hagen), der Wendy KG (Frankfurt) sowie der Karl Fr. Töllner Nährmittelfabrik (Bremen) erworben. Auch eine Beteiligung an der DAB/Hansa/Sinalco-Gruppe mittels Aktien der Dortmunder Actien-Brauerei (DAB) sowie die erwähnte Beteiligung an der Hanseatischen Hochseefischerei AG waren dabei. Die C.F. Hildebrandt Mühlenwerke (Hamburg) mit ihrer Maisstärke-, Glukose- und Kartoffelmehlproduktion fanden ebenso Aufnahme in die Gruppe wie die Dibona Markenvertrieb KG mit den Marken Langnese-Honig und Ültje-Knabberartikeln. Im Bereich der Getränke wurde zum einen der Brauereisektor stark erweitert, zum anderen wurden der bereits in Familienbesitz befindlichen Söhnlein Rheingold Sektkellerei noch die Sektkellereien G.H. von Mumm'sche Weinbaudomäne (Rheingau), Fürst Metternich, Schloß Rheinberg GmbH (Wiesbaden), Burg Weisenau GmbH (bei Mainz) sowie die Weingüter K. & F. Bliem (Bornheim über Alzey) hinzugesellt. Mit den Spirituosenfabriken Stück AG (Hanau), Noris Weinbrennereien (Nürnberg) und Fritz Jückemöller KG (Steinhagen) sowie der Gorbatschow Wodka Arthur Barth KG (Berlin) rundete Oetker seinen Besitz ab.
In den sechziger Jahren stieg Oetker auch in den Wäschemarkt ein. Dem Konzern einverleibt wurden

die Wäschewerke Kayser & Co. KG („Wappenwäsche"), die Husarenwäsche GmbH, die Carl Heidsieck Fabrik Feiner Bielefelder Wäsche und eine Beteiligung an den Windsor Kleiderwerken G. Klasing KG (alle Bielefeld). 1969 erbaute Oetker für diese Betriebe einen gemeinsamen Produktionskomplex in Bielefeld.

Zu Oetkerschem Besitz gehörten zu jener Zeit folgende Banken: die Privatbank Hermann Lampe KG, das Bankhaus Erich Sültz KG (Hamburg), die Majorität an der Bank für Brau-Industrie (Frankfurt) und an der Teilzahlungs-Kreditbank Hussmann KG (Hamburg). 1969 waren insgesamt neun Banken und Versicherungen in Familienbesitz.

Des weiteren besaß die Familie unter anderem einige Export- und Importfirmen wie die Gilbert J. McCaul & Co. GmbH (Hamburg und London) und die Orimex Handels-GmbH (Hamburg); einige Bauunternehmen (wie die Baugesellschaft Sparrenberg), Speditionsunternehmen und die Werbeagentur Omnia-Werbe-GmbH & Co. KG (Bielefeld).

Der Bereich der Hotels wurde über das von der Großmutter erworbene Brenner's Park-Hotel hinaus erweitert: Es folgte 1970 ein 100jähriges Hotel im Château-Stil, das Du Cap/Eden Roc in Antibes an der Côte d'Azur. Das Le Bristol in Paris (Rue du Faubourg St. Honoré), 1924 eröffnet, erwarb Oetker 1978. Und das 1901 gegründete Schweizer Park-Hotel Vitznau, am Vierwaldstätter See gelegen, ist seit 1980 in Rudolf August Oetkers Hand. Doch auch die Hotels fallen bei Rudolf August Oetker nicht in den Bereich Luxushobby: „Was nichts bringt, ist nichts wert", äußerte er sich

1992. Doch er räumte ein: „Mir macht die Beschäftigung mit den Hotels Spaß, Arbeit muß Spaß machen."

Weit spannt sich der Bogen von den bereits zu Großvaters Besitz gehörenden Firmen, wie dem Ceres-Verlag und der Bielefelder Haushaltsgeräte-GmbH, über die Trümmer- und Aufbauzeiten nach 1945 bis zu den Luxushotels und der Fastfood-Kette jüngerer Tage. Welten liegen zwischen dem auf 15 bis 25 Millionen Mark geschätzten Jahresgewinn der Nährmittelproduktion 1956 und dem geschätzten Gruppenumsatz von fünf Milliarden Mark im Jahr 1980; zwischen einer Handvoll Betriebe vor dem Krieg und den etwa 150 Unternehmen des Oetker-Konzerns 1980. Diese Zahlen beruhen auf Schätzungen und den äußerst spärlichen Informationen, die das Haus einmal jährlich preisgibt. Rudolf August Oetker hüllte sich, was die Umsätze des Unternehmens angeht, schon immer in das traditionelle Schweigen der Familie: Gewinne des gesamten Konzerns wurden nicht bekanntgegeben (nur die der Holding), sehr gute Ertragsjahre maximal als „ordentlich" bezeichnet, der eigene Reichtum zurückgestellt. Was Umsätze und andere Zahlen anging, ließ sich der Gründerenkel eben nicht gern in die Karten schauen. Zu dem buntscheckigen Wirtschaftsgebilde seiner Gruppe meinte er daher schon 1957: „Dat is alles so kompliziert, dat kann einer allein char nicht mehr verstehen." Einzig daß Oetkers Familie nach wie vor eine der reichsten Familien Deutschlands ist, gilt als gesichert.

Nach den Vorgaben des erweiterten Publizitätsgesetzes waren seit 1969 auch Personengesellschaften ab einer

Die Welt steht offen: Schiff der Oetker-Flotte vor den Wolkenkratzern New Yorks

bestimmten Größe verpflichtet, Zahlen zu Bilanz sowie Gewinn und Verlust zu veröffentlichen. Rudolf August Oetker war bis 1980 als Einzelkaufmann eingetragen, sein Unternehmen gehörte demnach zu den Personengesellschaften. So gab der Oetker-Konzern 1971 erstmals die Liste seiner 150 Tochtergesellschaf-

ten sowie Zahlen zu den einzelnen Firmen bekannt; der Inlandsumsatz der Holding (ohne Banken, Versicherungen und das Gros der Brauereien) wurde mit fast zwei Milliarden Mark beziffert. Die Veröffentlichungspflicht galt allerdings nur für die konsolidierten Unternehmen. Oetker hatte daher Banken, Versicherungen sowie den Großteil seiner Brauereien aus dem Kreis der konsolidierten Unternehmen ausgeklammert, um die Zahlen des gesamten Familienunternehmens nicht offenlegen zu müssen. So gab der Generalbevollmächtigte Guido Sandler denn auch 1980 zu: „Die Oetker-Gruppe ist mehr, als in der Bilanz steht."

Ende 1980, vor der Übergabe des Konzerns an seinen ältesten Sohn August, war der Unternehmer Rudolf August Oetker einer der letzten Vertreter der fast schon ausgestorbenen Spezies von Alleineigentümern immenser Industrie-Imperien. Wegen der nur ihm vorbehaltenen Entscheidungskompetenz galt er manchen als „patriarchalisches Fossil". So hat denn auch Oetker in den langen Jahren seiner alleinverantwortlichen Unternehmensleitung „Blödsinn" gemacht, wie er schmunzelnd gesteht. Dazu gehören der erwähnte Einstieg ins Filmgeschäft in den fünfziger Jahren, das Betreiben von vier Textilfabriken (die von Sohn August veräußert wurden), der Bau einer Prinz-Brauerei in Alaska sowie der von vier Prinz-Brauereien in Italien. Lapidar sagt er dazu: „Wir haben verdammt viel Geld verloren. Aber man muß auch was riskieren."

1980

Die wenige Monate zuvor gegründeten „Grünen" sind auf Anhieb bei der Landtagswahl in Baden-Württemberg mit 5,3 Prozent erfolgreich. Den Sprung in den Bundestag schaffen sie nicht.

Das weitverzweigte Oetker-Imperium wurde nicht zentralistisch gesteuert, sondern mit weitgehender Entscheidungskompetenz der jeweiligen Geschäftsführer verwaltet. Bei Beteiligungen oder Fusionen blieb immer der Firmen- und Markenname des bisher eigenständigen Unternehmens erhalten. Äußerlich änderte sich, abgesehen von der Rechtsform des Betriebs, kaum etwas. „Lediglich ein-, zweimal im Jahr wird eine gemeinsame Besprechung über das Budget und die langfristige Ausbauplanung abgehalten. Wer sich an die beschlossenen Leitlinien hält, wird aus Bielefeld wenig behelligt ...", erläuterte Rudolf August Oetker selbst. Er wollte sein Imperium daher auch lieber als Gruppe, als „Zusammenschluß selbständiger, nebeneinanderstehender Firmen" denn als Konzern bezeichnet sehen. Ein derartiges Firmenkonglomerat wird in der Fachliteratur als Typ eines diagonalen Konzerns bezeichnet: Herrscht eine völlige Heterogenität der einzelnen Unternehmenszweige, wie das beim Oetker-Konzern der Fall ist, handelt es sich um einen sogenannten unorganischen oder auch heterogenen Konzern.

Die Bielefelder Verwaltungszentrale umfaßte nur rund ein Dutzend Stabsstellen, wie etwa Personal und Public Relations, Recht und Revision, Finanzen und Betriebswirtschaft, mit insgesamt 100 Beschäftigten. Die Dienste der Zentrale werden allen Zweigstellen und Tochterfirmen zur Verfügung gestellt.

Der Inhaber war jedenfalls stets gut informiert, denn er verschaffte sich mit einem gut durchdachten Kontrollsystem regelmäßig Überblick. Einmal pro Jahr wurden alle Vorstände zur Versammlung nach Bielefeld geladen, um gemeinsam Umsätze und Ertragspläne für das kommende Geschäftsjahr festzulegen. Zur häufigen Lektüre des fleißigen Konzernchefs gehörten Jahres- und Finanzpläne, Liquiditätsberichte und Berichte von Wirtschaftsprüfern. Zusätzlich kontrollierte Oetker selbst jeden Monat die Umsatzzahlen aller ihm gehörenden Unternehmen und besprach mit den Generalbevollmächtigten die Situation.

Nach wie vor lag ihm das Marketing am Herzen. In den Jahren des Wirtschaftswunders war „Frau Renate" die Werbefigur schlechthin des Oetker-Nahrungsmittelbereichs. Mit einer wahren Flut von Rezeptzetteln, Kochbüchern und kleinen Broschüren überschüttete die Firma die Hausfrauen. Unter der Überschrift „Frau Renate backt heute ..." lächelte auf Fotos eine modern gekleidete junge Frau in die Kamera; fast jede deutsche Hausfrau kannte bis weit in die sechziger Jahre hinein Dr. Oetkers sogenannte „Küchen-Sissi". „Zufriedene Mienen danken es Ihnen" lautete das gereimte Versprechen an die Hausfrau, die die vielfältigen Dr. Oetker-Produkte erwerben sollte.

Geworben wurde nun mit neuen Produkten, die von der Hausfrau schneller zuzubereiten waren. Hier folgte die Oetker-Marketingabteilung dem Trend der sechziger Jahre zu weniger Küchenarbeit und mehr Freizeit. Doch noch immer hatte die Hausfrau in allererster Linie an das Wohl ihrer Lieben zu denken: Eine Werbestrategie Oetkers in den fünfziger und sechziger Jahren war es, der Hausfrau zu suggerieren, daß es geradezu ihre Pflicht sei, die Familie zu verwöhnen. Beispiele dafür finden sich in der Werbung bis in die sechziger Jahre, zum Beispiel der erwähnte errötende Ehemann, der seinen Pudding unter dem Motto „Männer mögen..." ißt, und eine glücklich zur servierenden Mutter aufblickende Kleinfamilie am Eßtisch.

Wie schon seit den dreißiger Jahren, fuhren auch weiterhin Mercedes-Werbewagen übers Land und führten Oetker-Produkte vor, während die Kinder am hinteren Teil des Wagens einem Kasperltheater zuschauen konnten. Mit VW-Bussen, den „Beratungsbullis", wurden die Hausfrauen beraten und ihnen neueste Kreationen und Erfahrungen aus der Versuchsküche vorgestellt.

Die Dr. Oetker-Versuchsküche war der Ort, von dem

aus den Hausfrauen neueste Informationen zukamen. Entwickelt hatte sich die Großküche aus der „Geheimbutze" des Firmengründers Dr. August Oetker und später der Küche seiner Frau Caroline. In der Versuchsküche wurden und werden neue Produkte, bevor sie auf den Markt kommen, intensiv getestet. Eine Reihe von Ernährungswissenschaftlerinnen ist damit beschäftigt, in einer großen Küche voller Küchenherde und anderem Zubehör unterschiedlicher Hersteller die Dr. Oetker-Zutaten unter verschiedenen Bedingungen zu testen. Gemeinsam mit der Abteilung für Forschung und Entwicklung verkostet das Personal der Versuchsküche täglich Unmengen von Kuchen und anderen Produkten, um dann über Ergebnisse und Änderungen zu diskutieren. Hier wurden auch Generationen von Außendienstmitarbeitern geschult, um Erfahrungen mit den selbst getesteten Backartikeln an die Kunden weitergeben zu können und auf fachkundige Fragen eine Antwort zu wissen. Aus der Versuchsküche wurden der Hausfrau in Prospekten und in der Fernsehwerbung, die Mitte der fünfziger Jahre einsetzte, die aktuellen Produktentwicklungen vorgeführt; hier konnte sich die Hausfrau auch schriftlichen oder telefonischen Rat holen, falls ihr Kuchen einmal mißlang. Im übrigen entstehen hier auch die Packungsanleitungen für die Zubereitung der Oetker-Produkte und die Rezepte auf den Beutelrückseiten.

Die bekannteste Leiterin der Versuchsküche war Marie-Louise Haase. Millionen von Fernsehzuschauern kannten in den siebziger Jahren ihr Gesicht aus der Oetker-Werbung: „Guten Abend, mein Name ist Marie-Louise Haase. Ich bin die Leiterin der Dr. Oetker-Versuchsküche ...“ So stellte sie sich den Fernsehzuschauern vor. Die Idee, die Versuchsküche mehr in den Mittelpunkt der Aufmerksamkeit zu rücken, hatten die Marketingexperten des Hauses gehabt, nachdem die meisten Kunden ihre Briefe an die „werte Firma“ oder „Herrn Dr. Oetker“ gerichtet hatten. Nun stellte Frau Haase sich und die Versuchsküche vor, rührte einen Pudding an oder schnitt einen Marmorkuchen auf. Das Interesse an der Leiterin der Versuchsküche war sogar so groß, daß viele Fernsehzuschauer dort anriefen, um zu prüfen, ob sie auch „echt“ sei, und sie neben Ratschlägen auch um Autogramme baten. Vier Jahre lang wurde die Werbung mit Marie-Louise Haase ausgestrahlt, und noch Jahre später wurde sie auf der Straße angesprochen, weil ihr Gesicht vielen so bekannt vorkam. 1980 wurde Marie-Louise Haase schließlich von Dr. Liselotte Krätschmer abgelöst, die seitdem die Küche leitet.

1980

Zum ersten Mal erhält ein Deutscher den „Oscar“ für den besten ausländischen Film. Volker Schlöndorff nimmt die Auszeichnung für die Verfilmung des Romans „Die Blechtrommel“ von Günther Grass entgegen.

Auch die Werbung mit Hilfe der Kochbücher, die bereits der Firmengründer eingeführt hatte, wurde fortgesetzt. Das Dr. Oetker-Schulkochbuch, 1911 zum ersten Mal erschienen, hatte 1964 schon eine Gesamtauflage von elf Millionen Exemplaren erreicht. Das blaue Rezeptbuch *Backen macht Freude* hatte in den fünfziger Jahren sogar die nach der Bibel höchste Auflagenziffer aller deutschsprachigen Publikationen. Mit einer Gesamtauflage von über 20 Millionen Stück im Jahr 1961 und über 27 Millionen im Jahr 1982 kann es sich auch heute durchaus noch sehen lassen. Der Bestseller des Ceres-Verlags wird übrigens nicht nur in Deutschland, sondern in aller Welt in Übersetzung vertrieben. Etliche weitere Publikationen folgten; inzwischen gibt es für jeden Bereich des Backens und Kochens ein eigenes Dr. Oetker-Kochbuch (sogar ein *Kochbuch für die Puppenküche*).

Die Dr. Oetker-Warenkunde, ebenfalls schon vom Gründer 1914 herausgebracht, war ursprünglich ein dünnes Büchlein und entwickelte sich bis in die fünfziger Jahre zu einem 800 Seiten starken lexikonartig aufgebauten Werk. Neben einem Kapitel über Lebensmittelrecht wurden Lebensmittel und Waren des täglichen Gebrauchs beschrieben nach Herkunft, Beschaffenheit und Art der Verwendung. Die zweite Auflage war 1939 erschienen, bereits doppelt so umfangreich wie ihre Vorgängerin. 1955 hatten Kaufleute und Hausfrauen von insgesamt fünf Auflagen schon über 260.000 Exemplare erworben.
Die schlichte graphische Verpackungsgestaltung aus der Mitte der dreißiger Jahre wurde erst mehr als zwanzig Jahre später modernisiert. Bei den einfarbig gelben Backpulvertütchen liefen bisher rote Schriftzeilen mit „Dr. Oetker – Dr. Oetker“ schräg über die Beutelecken; das rote Logo mit dem Hellkopf prangte in der Mitte. 1956 führte Oetker – auch in Reaktion auf die Umstellung vieler Lebensmittelgeschäfte auf Selbstbedienung – die ersten vielfarbigen und wechselnden, daher auffälligeren Abbildungen von Backwerk und Pudding ein; das Logo schrumpfte. Wegen der hohen Kosten der Umstellung hatte man wohl lange damit gewartet; und folgerichtig wurde der Tütchenpreis erstmals auf 12 Pfennig erhöht. Das Logo mit dem hellen Frauenkopf im roten Oval wurde schließlich 1969 erneuert: Der kleinere

Oetker-Hellkopf rutschte nach unten und machte dem Schriftzug „Dr. Oetker" Platz im rot umrandeten Oval. Die nächsten dreißig Jahre überstand das modernisierte Logo ohne weitere Veränderung.

Die Hausfrau, die sich um 1955 am Oetker-Regal ihres Kaufmanns bediente, fand eine breite Palette an Markenartikeln vor: Die Puddingsorten Dr. Oetker, Gala, Mandella (Vanillegeschmack, mit gehackten Mandeln), Mokka-Flana (mit Bohnenkaffee) und Schokoladen-Flana, Fruttina (Zitrone, Kirsch, Aprikose) sowie Pudding ohne Kochen; Soßenpulver mit Kochen (Vanille, Schokolade, Apfelsine) und ohne Kochen; Götterspeise (Himbeer, Kirsch, Waldmeister, Zitrone); Erfrischungsspeise ohne Kochen (Zitrone); Rote Grütze; Regina-Speise-Gelatine; Tortenguß; Vanillin-Zucker; Gustin; Backaromen; Hausnatron; Einmachhilfe und Konfitüren.
Nachdem das Unternehmen 1959 das Dr. Oetker Eispulver entwickelt hatte, stieg es 1962 mit Dr. Oetker Eiskrem in den westdeutschen Eismarkt ein. Zunächst verkaufte man Eis am Stiel und im Becher. Um die saisonbedingten Umsatzschwächen im Winter zu umgehen, wurde dann auch Eis als Nachtisch in Haushaltspackungen angeboten; Dr. Oetker Eisvergnügen, Eiskrönung und die Fürst-Pückler-Eiscreme waren hier große Erfolge. 1966 errichtete der Konzern das modernste Eiscremewerk Europas in Ettlingen mit einer Jahreskapazität von insgesamt 60 Millionen Litern. Oetker startete damit erfolgreich einen Großangriff auf die drei führenden Eisproduzenten auf dem deutschen Markt, Unilever („Langnese", „Iglo"), Nestlé

(„Findus“, „Jopa“) und GEG („Tiko“), denen er mit harter Strategie wesentliche Marktanteile abnehmen konnte.

Der Anteil von Fertiggerichten auf deutschen Eßtischen erhöhte sich zwischen 1950 und 1970 von fünf auf 20 Prozent. In diesem stark expandierenden Tiefkühlmarkt wollte auch Oetker sich seinen Anteil sichern. Mit gutem Marketing und hohen Investitionen drängte er erfolgreich auf den Markt. Neue Produkte der Marke Frosti, wie etwa Tiefkühlgemüse, etablierten sich gut. Hinzu kamen ab 1970 die Pizza Romana, ab 1975, als die Reihe der internationalen Fertiggerichte gestartet wurde, Big Americans-Pizza, Pizza American Style, Donuts und das Fertiggericht China-Town und anderes mehr.

Im Lauf der sechziger und siebziger Jahre brachte der Oetker-Konzern noch zahlreiche Neuentwicklungen auf den Markt, darunter Marimba (Zitronenspeise), Gelfix (eine neue, zeitsparende Gelierhilfe), Fruchteispulver, Käsekuchen-Hilfe, Aluminium-Haushaltsfolien, süße Würzmittel in Streudosen, Dauer-Backhefe, den Verkaufsschlager Rotwein-Creme (das „Flaggschiff“ des Oetker-Sortiments), Fertigtortenböden und Crème fraîche. Auch an backfertige Kuchenmischungen wurde schon früh gedacht. 1964 stellte man von der Verwendung synthetischer Farbstoffe auf Naturstoffe um.

Der traditionelle Vanille- und Schokoladenpudding war (und blieb bis zum Ende der sechziger Jahre) der Hauptumsatzträger des Unternehmens. So ist es verständlich, daß im Puddingbereich die grundlegendsten Neuerungen durchgeführt wurden. Die neuen Produkte zielten auf eine Verfeinerung und sollten der Bequemlichkeit der Hausfrau entgegenkommen. Dem Trend der sechziger Jahre zu mehr Freizeit folgend, bemühte man sich hauptsächlich um zeitsparende Produkte. Die Entwicklung eines geschmacklich überzeugenden Puddings ohne Kochen dauerte Jahre. 1955 kam das erste „Pudding-Creme-Pulver ohne Kochen" auf den Markt; es mußte nur kurz mit Zucker und Milch angerührt werden. Der mehlig-pappige Beigeschmack verhinderte jedoch den Durchbruch des Produkts, so daß dessen Produktion 1959 eingestellt wurde. Der zwei Jahre später nachfolgende Vanille- oder Schoko-Kaltpudding Galetta konnte sich schließlich durchsetzen; bis 1966 verkaufte sich „der 1-Minuten-Krem" 5,6 Millionen mal. Ebenfalls ein Produkt ohne Kochen war Aranca, ein Fruchtpudding mit einem Gelierstoff, der aus Algen hergestellt wurde. Um 1960 betrat Oetker auch den Bereich der gekühlten Dessert-Produkte. Ein fünf Wochen haltbares Fertigdessert für das Kühlregal wurde schließlich 1972 auf den Markt gebracht.

Fast vier Jahrzehnte lang lenkte Rudolf August Oetker die Geschicke des weltweit expandierenden Konzerns, bis er im Herbst 1980 ankündigte, sich im folgenden Jahr aus der Unternehmensführung zurückzuziehen: „Das gehört sich so, wenn man 65 Jahre alt wird." Als Nachfolger war seit 1979 Oetkers Sohn August (geboren 1944) ausersehen. „Ich mache das nun 40 Jahre, nun soll sich mein ältester Sohn auf die künftigen Aufgaben vorbereiten."

1981

Es starten zwei Erfolgssendungen, die das Fernsehangebot in Deutschland nachhaltig beeinflussen. Götz George tritt in der Reihe „Tatort" zum ersten Mal als Kommissar Schimanski auf, Frank Elstner präsentiert zum ersten Mal die von ihm entwickelte Show „Wetten, daß ... ?"

Zum 1. Januar 1981 wandelte Rudolf August Oetker die Einzelfirma Dr. August Oetker in eine Kommanditgesellschaft (KG) um. An der Holding Dr. August Oetker KG ist er seitdem als einziger Kommanditist beteiligt. Und Rudolf August Oetker ist – ein Kuriosum – einziges Mitglied des von ihm gegründeten Beirats der KG. Die bisherigen Generalbevollmächtigten Rudolf Stelbrink, Dr. John Henry de La Trobe und Dr. Guido Sandler, der seit 1966 auch Vorsitzender der Geschäftsleitung der Stammfirma war, traten zum selben Zeitpunkt als Komplementäre, also persönlich haftende Gesellschafter, in die Holding ein. Mit dem Abschied des Seniorchefs zum Januar 1981 wurde August Oetker Geschäftsführer und persönlich haftender Gesellschafter des Unternehmens. Daß ihm dabei die drei Komplementäre weiterhin als Helfer zur Seite standen, wollte der Vater als Zeichen für den „unauffälligen und behutsamen Wechsel an der Spitze“ verstanden wissen. Auf diese Weise ging schließlich der Generationswechsel im Unternehmen fast reibungslos vor sich.

Als Rudolf August Oetker das Familienunternehmen an seinen Sohn August weitergab, war er schon zu einer Art Symbol für die Jahre des Wiederaufbaus nach dem Zweiten Weltkrieg und des Wirtschaftswunders geworden. Andere Unternehmer aus dieser Zeit, deren Namen ebenfalls für wirtschaftlichen Aufstieg stehen, wie Josef Neckermann, Axel Springer, Max Grundig und Carl Borgward, waren inzwischen gescheitert oder lebten nicht mehr. Oetker hingegen wachte immer noch im Hintergrund über den Familienkonzern und hielt die Fäden in der Hand.

Die Unternehmerfamilie Oetker gilt seit eh und je als verschwiegen und würde es am liebsten mit der Verbreitung der Pioniertat des Gründers von 1891 gut sein lassen. Die Privatsphäre der Großfamilie – Rudolf August Oetker hat seit 1979 acht Kinder und auch schon einige Enkel – wurde jedoch zweimal gewaltsam durchbrochen. Im Herbst 1973 forderten Erpresser zwei Millionen Mark von Oetker, konnten jedoch bei der Geldübergabe festgenommen werden. 1976 wurde Richard, Rudolf August Oetkers Sohn Nummer drei, in Freising entführt und erst nach einigen Tagen schwerverletzt wieder freigelassen, obwohl ein Lösegeld von 21 Millionen Mark gezahlt worden war. Dieses tragische Ereignis traf den Vater so tief, daß er sich für die nächsten Jahre aus dem öffentlichen Leben zurückzog und nur noch für die engsten Mitarbeiter zu sprechen war. Der Entführer Dieter Zlof wurde im Juni 1980 zu 15 Jahren Freiheitsstrafe verurteilt. Die Strafe mußte er bis zum letzten Tag absitzen, da er sich weigerte, das Versteck des Geldes preiszugeben. Als er 1995 entlassen wurde, war das Geld durch die Einführung neuer Banknoten nicht mehr gültig. Einige Monate später wurde er in England erneut festgenommen, als er dennoch versuchte, Teile des Lösegelds einzutauschen.

Rudolf August Oetkers unternehmerische Begabung und persönliche Einsatzbereitschaft für das Familienunternehmen, seine Risikofreudigkeit und Dynamik sind weit bekannt. Und doch ist für ihn sein Leben als Unternehmensinhaber nicht das einzig denkbare. „Ich könnte jede Art von Leben führen. Voraussetzung: Ordnung und etwas zu tun haben.“ 1980 sagte er noch:

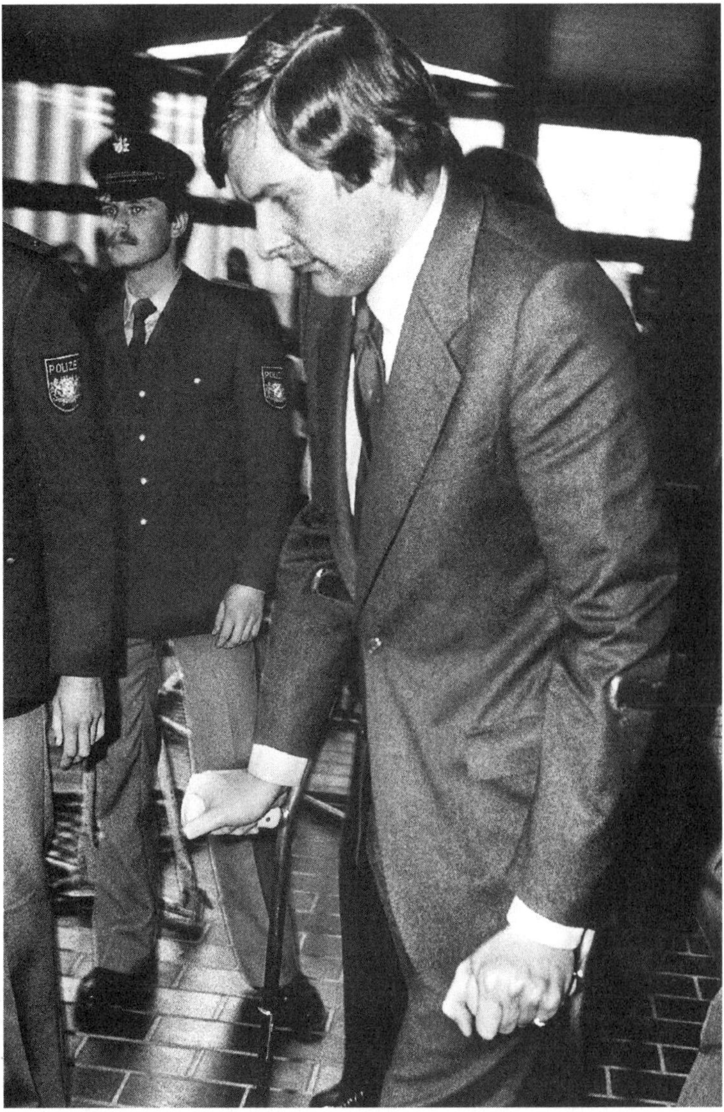

Gewalt in die Familie eingebrochen: Richard Oetker beim Prozeß gegen seinen Entführer Dieter Zlof

„Ich wäre gerne Gemüsehändler geworden, da könnte ich mit den Kunden ein direktes Gespräch führen."
Er gilt als äußerst sparsam, ja beinahe geizig. Am meisten blüht er auf, wenn er über die Schulden des Unternehmens befragt wird („die haben wir reichlich"). Der für seine Bescheidenheit, Pünktlichkeit und ein sehr strenges Verantwortungsgefühl bekannte Ostwestfale gibt gerne zu, daß ihm seine Arbeit viel Spaß macht und immer gemacht hat. Das muß seiner Meinung nach auch so sein. Acht Stunden Arbeit am Tag sind für ihn, auch nach seiner „Pensionierung", keine Seltenheit. Bei alledem ist Rudolf August Oetker ein normaler, bescheidener Mensch geblieben, der gern über den Wochenmarkt geht, um Hausmannskost einzukaufen, und gerne mal einen „Schnack" mit den Bielefelder Händlern hält. Große Worte um sich selbst zu machen liegt ihm eigentlich nicht. Ebensowenig liebt er es, mit allzuvielen Menschen zusammenzusein („Menschen auf einem Haufen und dann noch Lärm dazu") oder gar den „repräsentierenden Firmenchef zu spielen". Deshalb blieb der Ehrenbürger der Stadt Bielefeld stets ein Außenseiter.
Der passionierte Pfeifenraucher hält nichts von Hobbys, die viel Geld und Zeit verschlingen. Die einzige Ausnahme macht da seine Liebe zur Kunst. Oetker ist ein Kunstsammler, besonders von Expressionisten. Werke von Max Beckmann, Ernst Ludwig Kirchner und Carl Hofer zählen zu seinem Eigentum. Aus diesem Interesse heraus erwarb er vor ein paar Jahren das Kunst-Auktionshaus Colnaghi in Lon-

1981

Bei Hamburg wird Karl Dönitz beerdigt. Mehr als 5000 Menschen geben dem ehemaligen Großadmiral das letze Geleit. Für sie ist er der Held der deutschen Marine und nicht der Helfer Hitlers, der den tödlichen Seekrieg zu verantworten hatte.

don. Seiner Liebe zu Kunstdenkmälern ist es auch zu verdanken, daß Oetker sich – mit Hilfe der Stiftung Deutscher Denkmalschutz – für den Erhalt von Baudenkmälern in den neuen Bundesländern engagiert. So wünschte er sich zu seinem 75. und 80. Geburtstag statt Geschenken Spenden für die Potsdamer Traditionsgaststätte „Fliegender Holländer“ bzw. das Barockschloß Rossewitz in Mecklenburg. Von seinen vielen Spenden und Schenkungen für die Stadt sei hier nur eine Auswahl genannt: Seit 1966 war er Vorsitzender des Vereins der Freunde und Förderer der neuen Universität Bielefeld, er stiftete der Stadt einen Kindergarten und die „Oetker-Eisbahn“ in Bielefeld-Brackwede, beteiligte sich am Bau eines Altenheims in Bielefeld-Ubbedissen, und so mancher Verein hat ihm zu danken. Rudolf August Oetker reist gerne. Davon zeugen nicht nur sein Hausbesitz in Southampton auf Long Island, ein Haus am Londoner Eton Square sowie eine Hazienda in Argentinien, sondern auch die Tatsache, daß er den in Familienbesitz befindlichen Hotels regelmäßig Besuche abstattet.

In seinem Innersten hat sich Rudolf August Oetker kindliche Freuden erhalten. Deswegen erfüllte er sich, als er Brauerei-Anteilseigner geworden war, den langgehegten Traum, das Bier in Berlin höchstpersönlich mit einem Sechstonner an die Kunden auszufahren.

Der Urenkel – Ökonomie und Ökologie im Einklang

Der Oetker-Konzern ging am 1. Januar 1981 auf August Oetker über, den Vertreter der vierten Generation des Bielefelder Familienunternehmens. Sein Vater Rudolf August Oetker hatte in den nahezu vier Jahrzehnten seiner Leitung das Unternehmen zu einem international vertretenen, breit diversifizierten Konglomerat aus Lebensmittelwerken, Brauereien und Sektkellereien, Versicherungen, Banken und einer Handelsflotte gemacht. Seinem Sohn kam nun die Aufgabe zu, angesichts des ständig wachsenden internationalen Wettbewerbs die inzwischen allzu breit gefächerte Gruppe zu komprimieren und stromlinienförmiger zu gestalten, um weiter mithalten zu können. In den ersten Jahren tat sich August Oetker schwer damit, eine eigene Konzeption der Unternehmensführung erkennen zu lassen. Zu stark schien vielen der Einfluß des übermächtigen Vaters im Konzern. August Oetker selbst betonte jedoch ein paar Jahre später, er habe damals keine Veranlassung gehabt, sich möglichst schnell zu profilieren. „Ich bin ja kein Sanierer, ich kam in ein Haus, das gut geordnet dastand“, rechtfertigte er sich. Dennoch wurde es in den folgenden Jahren nötig, sich von einigem unternehmerischem Ballast zu trennen. Und die Bemühungen um weiteres Wachstum konzentrierte August Oetker schließlich auf den osteuropäischen Markt sowie auf jene westeuropäischen Länder, in denen Dr. Oetker schon präsent war – zum Beispiel Italien und Frankreich. Mit behutsamer Zielstrebigkeit konnte August Oetker nicht nur die Zahl der angegliederten Unternehmen von 150 auf rund 200 im Jahr 1996 steigern, auch der Umsatz kann sich, nach Einbrüchen um das Jahr 1994 herum, wieder sehen lassen: Er betrug 1988 etwa fünf Milliarden Mark, 1997 mehr als acht Milliarden Mark. Dies alles ist dem besonnenen Wirtschaften eines Nachfolgers zu verdanken, dem man anfangs nicht viel zutraute, und der „erst allmählich aus dem Schatten des übermächtigen Patriarchen herauswuchs“, wie die Zeitschrift *Wirtschaftswoche* 1991 kommentierte.

August besuchte zunächst das baden-württembergische Internat Salem. Nach dem Abitur 1963 trat er eine zweijährige Ausbildung zum Reedereikaufmann an. Anschließend sammelte er weitere Berufserfahrungen bei verschiedenen Agenturen und Reedereien im In- und Ausland, etwa bei der Hamburger Transport-Versicherung und bei P & Condor Club, London. In Hamburg und Münster studierte er von 1968 bis 1972 Wirtschaftswissenschaften. Bereits 1971, noch vor Abschluß seiner Ausbildung zum Diplomkaufmann, hatte August gegen den Willen seines Vaters geheiratet. Ab

1972 war August Oetker dann im konzerneigenen Schiffahrts- und Kreditwesen tätig. Schließlich arbeitete er ab 1977 für zwei Jahre außerhalb des väterlichen Konzerns, bei Lehmann Brothers Kuhn-Loeb in New York, einer Investmentbank. In New York gefiel es dem Oetker-Sprößling schließlich so gut, daß er gerne dort bleiben wollte.

Doch den Vater drückten inzwischen Nachwuchssorgen, denn nach Erreichen des 65. Lebensjahres wollte er sich nach und nach aus der Firmenleitung zurückziehen. Nachdem Sohn August keine Anstalten machte, nach Bielefeld heimzukehren, hatte Rudolf August Oetker kurzfristig mit dem Gedanken gespielt, dem Sohn Arend seiner Schwester Ursula Oetker die Unternehmensleitung anzuvertrauen. Arend hatte sich durch eine gute Unternehmenspolitik im Erbe der Mutter sowie Mitgliedschaften in industriellen Spitzenverbänden profiliert. Doch er lehnte es ab, nach Bielefeld zu wechseln. So machte sich Oetker 1979 auf den Weg nach New York, um seinen ältesten Sohn zum Antritt des väterlichen Erbes zu bewegen. Dies gelang ihm schließlich auch; August merkte jedoch später an: „Ich wäre damals gern geblieben. Ich hatte gute Chancen, in der Firma weiterzukommen, und meine Familie fühlte sich in Amerika sehr wohl."

August Oetker, Jahrgang 1944, ist das älteste von vier Kindern aus der zweiten Ehe des Vaters mit Susanne Jantsch. Aus dieser Ehe hat August drei Geschwister, Schwester Bergit (geboren 1947) und zwei Brüder, Christian (geboren 1948) und Richard (geboren 1951).

1983

Der größte Skandal in der deutschen Pressegeschichte: Der Stern *kündigt auf einer großen Pressekonferenz an, daß man Hitler-Tagebücher gefunden habe und sie veröffentlichen werde. Nach wenigen Tagen stellen sie sich als plumpe Fälschungen heraus.*

Christian Oetker ist, nach einer Lehre in der hauseigenen Hermann Lampe-Bank und einem Studium der Betriebswirtschaft in Münster, Hauptabteilungsleiter der Dr. Oetker Marktforschung. Der jüngere Bruder Richard studierte Brauereiwissenschaften in Weihenstephan bei München und ist seit 1976 verheiratet. Nach dem Abschluß der Studien stieg er ebenfalls im Familienunternehmen ein; er leitet den Einkauf der Nahrungsmittelgruppe und ist für Oetker in Osteuropa zuständig. Die Schwester Bergit ist verheiratet mit Christian Graf Douglas, einem Kunsthändler; sie ist nicht im Familienunternehmen beschäftigt.

Da Rudolf August Oetker Erbschaftsstreitigkeiten für das Ende für ein Familienunternehmen hielt, war er bestrebt, diese Angelegenheiten rechtzeitig in seinem Sinne zu regeln. Alle Kinder mußten daher mit Erreichen der Volljährigkeit bereits vorbereitete Erbverzichtserklärungen unterzeichnen, die beim Notar lagen. Damit wollte Oetker verhindern, daß die Firmengruppe in Zukunft aufgesplittert würde, und garantieren, daß die Führungspositionen des Hauses mit Topmanagern statt mit Familienmitgliedern besetzt würden.

Zum Ausgleich für ihren Verzicht wurden den Kindern ab dem Jahr 1973 aus dem Unternehmen herauslösbare Einzelbetriebe oder auch Anteile an Unternehmen vererbt sowie jährlich so hohe Auszahlungen garantiert, daß damit die anstehenden Steuern beglichen werden können. Die Geldentnahmen sind auch für spätere Zeiten an festgelegte Ertragskennziffern geknüpft, denn: „Wenn es der Firma gutgeht, geht es auch der Familie gut.“ Noch 1996 äußerte er sich in diesem Sinne: „Wenn es nach mir geht, wird es auch in Zukunft keine

Aktiengesellschaft geben." Er legte fest, daß einer seiner Söhne sich für die Nachfolge qualifizieren müsse, weil ihm ausschließlich ererbte Besitztitel nicht gefielen.

Den Übergang des gesamten Firmenvermögens auf seine Kinder bereitete Rudolf August Oetker ab 1982 vor, einen „Ausstieg auf Raten", wie die Zeitung *Die Welt* es 1989 nannte. Die acht Kinder lösten als persönlich haftende Gesellschafter der KG den vorherigen Inhaber Rudolf August Oetker ab. Der Senior, schon immer klug, was Steuerfragen betrifft, fand hier Wege, um keine hohen Erbschaftssteuern zahlen zu müssen. Indem er geschickt Vermögen gegen Schulden aufrechnete, war unter dem Strich das an die einzelnen Kinder geschenkte Erbe so gut wie nichts wert.

Zu Beginn des Jahres 1981 trat August Oetker, inzwischen 36jährig, als persönlich haftender Gesellschafter in die Geschäftsführung der Nahrungsmittelgruppe ein. Doch seine Handlungsfreiheit war anfangs eingeschränkt, da sein Vater die letzte Entscheidungsbefugnis für alle wichtigen Fragen sich weiterhin vorbehielt, indem er alleiniges Mitglied des neugegründeten Beirats der Kommanditgesellschaft wurde. Denn sein Wunsch war es, sich „schrittweise zurückzuziehen, behutsam aufzuhören". Rudolf August Oetker band auch seine langjährigen Topmanager wie erwähnt weiterhin ans Haus: Die bisherigen Generalbevollmächtigten Dr. Guido Sandler (Präsident des Markenverbandes in Wiesbaden), Rudolf Stelbrink und Dr. John Henry de La Trobe traten nun als Komplementäre und persönlich haftende Gesellschafter mit weitreichenden Befugnissen in die Holding ein. So war der Nachfolger August

Oetker, rein rechtlich gesehen, nur einer von vier Komplementären des Unternehmens Oetker.
Zusammen mit den Generalbevollmächtigten Dr. Dieter Holzinger, Dr. Ernst Schröder sowie Klaus-Peter Erbrich bildeten die drei Komplementäre bis 1997 die Gruppenleitung des Unternehmens Oetker.

Im weitverzweigten und verschachtelten Riesenimperium stand 1981, als August Oetker das Ruder übernahm, durchaus nicht alles zum besten. Die branchenweit auch international spürbaren wirtschaftlichen Probleme machten sich in Bielefeld bemerkbar. Kostendruck und eine Stagnation des Umsatzes setzten ein. Die breite Diversifikation, die nach dem Zweiten Weltkrieg ein so glänzendes Rezept gewesen war, wurde nun – bei rund 150 Unternehmen unter einem Dach – zunehmend zum Problem. Denn in manchen Sparten war die finanzielle Grundlage des Konzerns einfach zu dünn, um mit ständig expandierenden internationalen Konkurrenten, etwa Nestlé, Corn Products oder Unilever, mithalten zu können und wettbewerbsfähig zu bleiben. Die geradezu sprichwörtlich gewordene Knausrigkeit Rudolf August Oetkers hatte hier ihre durchaus reelle Grundlage. Doch bei Oetker wollte man sich nach wie vor so wenig wie möglich mit fremden Mitteln behelfen. Den Gedanken an eine mögliche Umwandlung der Personengesellschaft in eine Aktiengesellschaft, um sich auf diesem Wege Kapital zu beschaffen, wiesen sowohl Oetker senior als auch junior in Interviews stets weit von sich.
Bisher hatte die Faustregel gegolten, zehn Prozent der addierten Gruppengewinne dürften eingesetzt werden,

Den Sohn erst überzeugen müssen: Rudolf August Oetker
und August Oetker

um die Verluste anderer Sparten steuersparend auszugleichen. Doch einige Bereiche sprengten schon seit Jahren diesen Rahmen; es wurde Zeit, neue Wege einzuschlagen. Ein weiterer Kapitalfresser war die Fremdkapitalquote von fast 90 Prozent, die jährlich um die 100 Millionen Mark Zinsen forderte. Im Konzern sah man den Augenblick gekommen, bei den McKinsey-Consultants eine Gemeinkosten-Wertanalyse in Auftrag zu geben. Zehn Prozent der Verwaltungs- und Vertriebskosten wollte man so einsparen.

1991

Der englische Verleger Robert Maxwell verschwindet vor den Kanaren von seiner Yacht. Vermutlich beging er Selbstmord, nachdem sein Verlagsimperium vor der Pleite stand. Zuletzt war es nur noch durch die Verwendung von Pensionsgeldern am Leben gehalten worden.

Die fortschreitende Veränderung des Marktes hatte laut Marketingexperten den Wertverlust von Traditionsmarken, wie etwa Dr. Oetker, zur Folge. Die angestammte Verpflichtung zu Qualität und Kontinuität reichte nicht aus, um die bisher guten Plazierungen bei Back- und Kochartikeln sowie den Süßspeisen beizubehalten und sie in den moderneren Bereichen wie Eiskrem und Tiefkühlkost auszubauen. Stärkende Impulse waren dringend gefordert, um den notwendigen Imagetransfer zu bewältigen. Markenfachmann Sandler erkannte dies denn auch als „ein riesiges Problem für uns“. Im Bereich der Tiefkühlkost hatte allerdings noch eine gehörige Portion Missmanagement ihren Teil zur Umsatzeinbuße beigetragen. Die Tiefkühlkost und Eiskrem GmbH hatte seit Jahren, wie auch 1981 wieder, Millionenverluste eingefahren.

Doch auch in den anderen Unternehmenszweigen häuften sich die Schwierigkeiten. So war etwa der

Brauereisektor, mit jährlich 7,7 Millionen Hektolitern Bierausstoß einst gewinnbringend, inzwischen ein teurer Spaß geworden. Eine falsche Sorten- und Preispolitik, unrationelle Fertigung am schlechten Standort sowie Überkapazitäten waren schuld daran.
Als „immer teurere Spielwiese" wurde 1991 das Engagement der Oetkers im Bankensektor bezeichnet. Sowohl das Bankhaus Hermann Lampe als auch die Frankfurter Bankgesellschaft von 1899 (ehemals Bank für Brau-Industrie), zu offensichtlich Oetker-Anhängsel und beide auf die Dauer zu klein für den Markt, warfen keine Gewinne ab. Nicht viel besser sah es für die Oetkersche Versicherungsgruppe Condor aus: Sie konnte weder Erträge noch einen genügend großen Marktanteil (ein halbes Prozent) vorweisen. Die zu kleine Berliner Einzelhandelskette Meyer & Beck (ehemals Hermann Meyer & Co.) würde sich auf lange Sicht nicht neben den Branchenriesen Aldi, Rewe und Tengelmann halten können. Und während die Oetkersche Schifffahrtslinie Hamburg-Südamerikanische Dampfschifffahrtsgesellschaft in eine Verlustserie eintrat, lief nun auch die Hochseefischerei wegen der international vereinbarten Fangquoten nicht mehr so gut; sie wurde zuletzt mit zehn Millionen Mark jährlich alimentiert. Und was die vier Hotels anging, mußte sich Oetker vorwerfen lassen, mit ihnen einem teuren Hobby zu frönen.

Es war nicht eben wenig, was von Nachfolger August Oetker verlangt wurde: Eine komplette Umstrukturierung des Mischkonzerns schien vielen bitter nötig. Einen Balanceakt zwischen dem Aufbruch zu neuen Chancen

und Risiken einerseits und der Pflege der alten Stärken andererseits forderten andere. Doch Vater Rudolf August Oetker meinte 1985 voller Verständnis für das Zaudern seines Sohnes angesichts der Herausforderungen: „Er hat es doch viel schwerer als ich damals."
Schwierig war August Oetkers Aufgabe vor allem, weil ihm mit den drei langgedienten Wegbegleitern des Vaters, den Komplementären Sandler, de La Trobe und Stelbrink, sowie den drei neuen Generalbevollmächtigten die Hände gebunden waren. Sein Verantwortungsbereich in der aktiven Geschäftsführung vergrößerte sich erst, als er 1983 den Vorsitz im Bielefelder Stammhaus und der Dr. Oetker-Tiefkühlkost übernehmen konnte.
Die unökonomische Streuung im Nahrungsmittelbereich des Konzerns sollte mit einer Zusammenführung in der Sparte Nahrungsmittel neu gefaßt werden. 1996 fand in diesem Sektor dann noch einmal eine Straffung statt. Einige unrentable oder auch verlustbringende Geschäftszweige wurden verkauft; überhaupt wurde die traditionelle Diversifikation in allzuviele Marktsektoren nun eingeschränkt. August Oetker engagierte sich vorsichtig im bislang vernachlässigten Auslandsgeschäft sowie verstärkt im Umweltschutz.

Zielstrebig griff Oetker zunächst die strukturelle Neuordnung der ihm unterstellten unübersichtlichen Nahrungsmittelaktivitäten an. Der Konzern war bisher auf dem inländischen Markt mit getrennt auftretenden Markenartikel-Firmen, dem Stammhaus, der Tiefkühlkost und Eiskrem GmbH sowie dem Dibona Markenvertrieb (u.a. ültje und Langnese-Honig), präsent gewe-

Die Krisen in den Griff bekommen: August Oetker, Konzernchef seit 1980

sen. Ein jeweils eigener Vertriebsapparat, eigene Verwaltung und Logistik waren unnötig kostenintensiv. Daher führte August Oetker diese Firmen im Februar 1984 in einer gemeinsamen Geschäftsführung und Verwaltung zusammen; die Markenidentität wurde dabei nach außen hin beibehalten.

Der „äußeren Integration" der Tochterunternehmen unter ein Dach, die 1985 vollzogen war, folgte als nächstes die „innere Integration", wie August Oetker es nannte. Er ordnete die rund 600 Produkte des Hauses in vier Absatzbereiche, um die Effektivität des Vertriebs zu vergrößern. Die Vertriebsorganisationen wurden entsprechend dieser vier Absatzbereiche (Tiefkühlkost und Eiskrem, Markenprodukte für das Kühlregal,

Trockenregal des Einzelhandels sowie Großverbrauchergeschäft) strukturiert und organisiert.
Das gesamte Sortiment erschien nun in einheitlicher Verpackung. Auch die Neuformulierung des Unternehmensgrundsatzes „Man nehme Dr. Oetker", der noch aus der Gründerzeit stammte, wurde angegangen. Die Philosophie des Hauses – der Kompetenzanspruch – sollte auf moderne Weise prägnant gefaßt werden. Die Kernbotschaft wurde in folgende Formel gebracht: „Man nehme Dr. Oetker – Qualität ist das beste Rezept". August Oetker äußerte sich zur „Geling-Garantie": „Die Qualität der Produkte verbindet sich in unserem Grundsatz mit der rezeptorischen Leistung unseres Hauses. Denn die von uns entwickelten Rezepte garantieren Genuß, Kreativität und gutes Gelingen. Beides, Qualität und Rezept, sind Schlüsselworte unseres Unternehmens und beschreiben unsere Kompetenz."

Als Folge seiner Neuordnungen hatte August Oetker mit einigen personellen Veränderungen zu kämpfen, bis schließlich 1991 die Führungsriege des Hauses für das Inland stand. Unter dem Vorsitz August Oetkers waren Axel Andrée für den Verkauf, Wolf Echternkamp für Produktion und Technik, Frank Petzold für Marketing, Controlling und Materialwirtschaft sowie Dieter Tatje für Personalverwaltung, Forschung & Entwicklung zuständig. In den beiden Geschäftsführungen Ausland waren, ebenfalls unter Oetkers Vorsitz, Wolfgang Cario als stellvertretender Vorsitzender, Wolf Echternkamp für Produktion und Technik sowie Manfred Schiffhorst für Verwaltung, Controlling und Finanzen zuständig. Somit hatte August Oetker als einziges Mitglied der Familie operative Verantwortung; die Leitung der Gruppe war fast ausschließlich mit familienfremden Managern besetzt. Das war auch ganz in August Oetkers Sinne, denn seiner Ansicht nach ist „ein von der Eigentümerschaft abgeleiteter absolutistischer Führungsstil nicht angebracht".

Während August Oetker in Interviews noch geraume Zeit fest die bisherige Firmenpolitik seines Vaters vertrat – „Wir sehen im Grundsatz der Diversifikation eine wesentliche Stütze für unseren langfristigen, kontinuierlichen Erfolg" –, bastelte er andererseits schon an neuen Strategien und verkaufte Stück für Stück die Gewinnvernichter aus der angestaubten Schatztruhe des Vaters, wie etwa die vier Bekleidungsfabriken und die Hochseefischerei, um auf diesem Weg zu einer weitaus besseren Bilanz zu kommen, die sich heute wieder sehen lassen kann.

1991

Zum vorläufig letzten Mal schlägt die RAF in ihrem brutalen Kampf gegen Politik und Wirtschaft zu: In Düsseldorf wird der Treuhand-Chef Detlef Karsten Rohwedder erschossen.

Im Gegensatz zu den älteren Managern, die chronische Verlustmacher so lange wie nur irgend möglich aus gewinnbringenden Zweigen alimentiert hatten, ging der Junior mutig und unbefangen daran, defizitäre Betriebe und ganze Bereiche zu veräußern. Er bestätigte 1991: „Wenn irgendwo ein Ertrags- oder Wachstumsproblem auftauchen sollte, können wir aus der betreffenden Branche total aussteigen. Das ist sehr beruhigend."

August Oetker stieß um diese Zeit auch den Geschäftszweig der Hochseefischerei ab, da die Fischereiflotte wegen der Beschränkung der Fangmöglichkeiten nicht mehr gewinnbringend arbeitete. Nächstes Opfer der Sparpläne des Hauses Oetker war die Versicherungsgruppe Deutscher Ring, die 1987 verkauft wurde. Gerne hätte der Sohn auch die Hotels verkauft. Gegen Augusts Überlegungen, sich von einem der vier Spitzenhäuser zu trennen, wehrte sich Oetker senior bislang, wenn auch selbstkritisch: „Der Alte braucht doch eine Spielwiese."

Während unrentable Geschäftszweige nach Möglichkeit abgestoßen wurden, investierte das Unternehmen in angestammte Sparten. Über die Finanzierungsweise des Konzerns, was die Neuerwerbe anbelangt, äußerte sich August Oetker: „Viele Akquisitionen der letzten Zeit konnten wir aus unserem Cash-flow finanzieren, unter anderem, indem wir beträchtliche Sonderabschreibungen in der Schiffahrt für die gesamte Gruppe genutzt haben."

1986 war die traditionsreiche Wiesbadener Sektkellerei Henkell & Co. aufgekauft worden, 1989 die Sektkellerei Deinhard in Koblenz. Henkell wurde mit der schon zum Familienbesitz gehörenden Sektkellerei Söhnlein zusammengefaßt zur Henkell & Söhnlein Sektkellereien KG, die Rudolf August Oetker 1987 seinen acht Kindern überschrieb.

Nach der Wiedervereinigung Deutschlands zeigte der Oetker-Konzern ein starkes Engagement in den neuen Ländern. Hier wurden bis Ende 1994 rund 356 Millionen Mark investiert. Beispiele sind der Neuerwerb der Radeberger Exportbierbrauerei („Radeberger Pilsener") und der Brauerei Krostitzer. Insgesamt beurteilte August Oetker um 1991 die wirtschaftliche Situation nicht nur seines Unternehmens, sondern des ganzen Landes als äußerst positiv. „Im Moment ist die Bundesrepublik eine Insel der Seligen", meinte er. Besonders die Nachfrage aus den neuen Bundesländern hatte seiner Ansicht nach zur stabilen Lage beigetragen. Er vertrat die Ansicht, die Integration der neuen Länder sei nur zu bewerkstelligen, wenn man auch neue Arbeitsplätze im Osten schaffe und nicht nur seine Produkte dorthin liefere.

Dem Oetker-Konzern war prophezeit worden, daß er gewaltige Summen aufbringen müßte, wollte er in Zukunft im internationalen Nahrungsmittelgeschäft mithalten. Kritiker warfen der Konzernleitung noch 1991 vor, den rechtzeitigen Einstieg ins Auslandsgeschäft verschlafen zu haben, während die Konkurrenz längst ihre globalen Strategien ausgetüftelt hätte. Oetker war in der Tat 1991 kaum im Ausland etabliert, demzufolge hatte man in diesem Bereich nur geringe Umsätze zu verzeichnen. In manchen europäischen Ländern war der Oetker-Konzern überhaupt nicht vertreten, etwa in England und Spanien. Das blieb in einigen Ländern bis heute so, denn August Oetker hatte erkannt, daß ein Einstieg dort sehr schwierig würde: „Keinesfalls werden wir Westeuropa vernachlässigen. Aber dort sind die Märkte bereits gut besetzt, dort braucht uns keiner."

1991 präsentierte August Oetker – ein Novum in der Firmengeschichte – einen Weltkonzernabschluß für das vergangene Jahr, in den die Hotels und die ausländischen Nahrungsmittelunternehmungen einbezogen waren. Immerhin hatte der Konzern dank der Umstrukturierungen des Gründer-Urenkels seine Umsätze – trotz Problemen in einigen Sparten – stetig steigern können. Die folgenden Zahlen können allerdings nur als ungefähre Richtlinien dienen, da der Geschäftsführer, getreu der Tradition seiner Familie, in der Bilanz nur den Umsatz aller konsolidierten Unternehmen erscheinen läßt und Verluste kunstvoll gegen Gewinne aufgerechnet werden. Die zahlreichen übrigen zum Konzern gehörenden Unternehmen – etwa die Brauereibeteiligungen, die Banken und Versicherungen, die Hotels sowie die Sektkellereien – befinden sich im Privatbesitz von Oetker senior beziehungsweise seiner acht Kinder und werden in die Bilanzen generell nicht mit aufgenommen.

1995

Im oberschwäbischen Saulgau feiert Ernst Jünger seinen 100. Geburtstag. Zu Gast bei dem umstrittensten deutschen Denker sind Bundespräsident Herzog und Bundeskanzler Kohl. Für die einen gilt Jünger als Genie, für die anderen als geistiger Wegbereiter des Nationalsozialismus.

Im Jahr 1981 wurde von 3,2 Milliarden Mark konsolidierten Umsätzen der Mischgruppe ausgegangen, 1988 von fünf Milliarden Mark Jahresumsatz für denselben Bereich. Für das Jahr 1990 sprachen die einen von sechs Milliarden DM Gesamtumsatz, während eine andere Quelle den konsolidierten Gruppenumsatz auf vier Milliarden DM bezifferte. Nach Angaben August Oetkers betrug jedoch der gesamte Weltkonzernumsatz (netto) 1990 nur etwas über vier Milliarden Mark, die Zahl der weltweit Beschäftigten liege bei über 11.000. Die Oetker-Pressestelle veröffentlichte allerdings für dasselbe Jahr die Zahl von 18.000 Mitarbeitern weltweit.

Neue Strategien für den heimischen und den ausländischen Markt schienen auch in den darauffolgenden Jahren nötig, da beispielsweise 1994 hohe Umsatzeinbußen der drei Dr. Oetker Nahrungsmittel-KGs gemeldet wurden. Neue Marketingstrategien, der verstärkte Einsatz in den neuen Bundesländern sowie in Osteuropa führten schließlich, trotz des schwachen Konsumklimas, wieder zu ausgeglichenen Bilanzen. Der Gruppenumsatz erfuhr in den Jahren 1995 bis 1997 Steigerungen von anfangs 7,3 Milliarden Mark auf 8,25 Milliarden Mark.

August Oetker ordnete weiterhin Strukturen um, wo es sinnvoll und ökonomisch erschien. So konnte noch eine Neuordnung innerhalb der Oetker-Gruppe, diesmal im Brauereisektor, vorgenommen werden. Alle Oetker-Brauereien wurden 1991 als Tochtergesellschaften unter dem Dach der Binding-Brauerei AG Frankfurt vereint, nachdem die im Familienbesitz befindliche Binding-Brauerei alle übrigen Anteile übernommen hatte.
1996 leitete August Oetker noch einmal eine Reorganisation im Nahrungsmittelbereich ein, von der alle im Markenartikelgeschäft arbeitenden Oetker-Unternehmen betroffen waren: Die drei bisherigen Bereiche – die Dr. August Oetker Nahrungsmittel KG für Deutschland, die Oetker International West GmbH und die Oetker International Ost GmbH – faßte er unter dem Dach Oetker International GmbH in einer einzigen Geschäftsführung zusammen. Leiter dieser Geschäftsführung war er selbst. Das veränderte Management besteht seit 1997 aus August Oetker, Christian Graf

von Bassewitz, Klaus-Peter Erbrich, Dr. Klaus Meves, Dr. Ernst Schröder und Dr. Hans-Henning Wiegmann. Die Hauptabteilung der Dr. Oetker Marktforschung wird von Christian Oetker geleitet, dem nächstjüngeren Bruder August Oetkers. Seine mit insgesamt acht Personen besetzte Abteilung sammelt Informationen über neue Verbrauchertrends, bezieht auch Studien von Konsumforschungsinstituten mit ein und betreibt eigene Marktstudien für neue oder bereits eingeführte Oetker-Produkte. Christian Oetker beschreibt das Aufgabenfeld seines Bereichs mit „Beschaffung, Analyse und Ergebnisinterpretation von Daten, die wir als entscheidungsorientierte Information bereitstellen, vor allem für unsere direkten Gesprächspartner, die Ressorts Marketing und Verkauf." Für genaue Marktanalysen werden zunächst in verschiedenen Bereichen Informationen gesammelt: Sogenannte Sekundärstatistiken geben Auskunft über momentane Verbrauchertrends, Konsumforschungsinstitute liefern weitere Daten. Und wie groß sind die aktuellen Marktanteile der Oetker-Warengruppen? Hier gibt ein Handelspanel Auskunft für die verschiedenen Vertriebsgebiete. All diese Informationen, die monatlich bis zweimonatlich eingehen, werden gesammelt und im Computer ausgewertet. Die herausgefilterten Informationen werden dem Management als Entscheidungshilfe vorgelegt, wenn es darum geht, neue Produkte einzuführen oder wieder vom Markt zu nehmen.

Die Abteilung für Marktforschung beschäftigt sich eingehend mit der Produktforschung, also der Untersuchung der Frage, ob ein neues Erzeugnis oder eine Produktvariation überhaupt Chancen auf dem Markt und im Wettbewerb hat. Da viele genußorientierte Kunden gerne mal etwas Neues im Supermarktregal finden, ist die sogenannte „Produktinnovation“ stark gefragt. Neue Produkte werden in dieser Abteilung entwickelt. Mit einer vorher durchgeführten Produktforschung soll zunächst abgesichert werden, daß das Unternehmen keinen Flop landet. In dieser Untersuchung, die vom Unternehmen selbst oder von einem eigens dafür engagierten Institut durchgeführt wird, befragt man die Verbraucher über das Aussehen und den Geschmack neuer Produkte. Die Ergebnisse werden von der Marktforschungsabteilung ausgewertet und an die Ressorts Marketing und Verkauf weitergeleitet. Soll nicht nur ein einzelnes Produkt, sondern gleich ein ganzes Sortiment neu eingeführt werden, sollten zusätzlich noch sogenannte Markttests durchgeführt werden. Hier kann in der Realität geprüft werden, wie sich diese Produkte verkaufen, indem sie eine Zeitlang in ausgewählten Lebensmittelmärkten zur Verfügung gestellt werden. Eine neuere Variante ist der sogenannte Minitestmarkt. Die ausgewählten Geschäfte befinden sich hierbei alle in einem Ort; Zahlen erhält man mittels der Scanner-Registrierkassen, die genau aufschlüsseln, welches Testprodukt wie oft gekauft wurde.

Die Abteilung für Marktforschung, vor etwa dreißig Jahren in der heutigen Form installiert, wird als äußerst wichtiges Führungsinstrument des Unternehmens betrachtet. Hier werden eigene Projekte verwirklicht, außerdem Werbespots entwickelt und die Werbewirkungsforschung durchgeführt, die das Marktforschungsinstrumentarium abrundet. An der Gestaltung bzw. Umgestaltung des Oetker-Images, etwa des Mar-

kenzeichens, neuer Logos oder neuer „Hausfarben" (z.B. im Tiefkühlbereich) ist die Abteilung für Marktforschung führend beteiligt.
Ein völlig neues Feld, das August Oetker als wichtigen Aufgabenbereich für sich und den Konzern entdeckte, war der Umweltschutz. „Den oft aufgestellten Gegensatz zwischen Ökologie und Ökonomie sehe ich nicht", meinte er 1998. Bereits 1987 schuf er die Stelle eines Umweltbeauftragten im Betrieb, der direkt dem Topmanagement zugeordnet war. Der erste im Amt war Günter Larisch. Der Umweltbeauftragte hatte von Anfang an ein Vetorecht bei Investitionen, das nur von der Geschäftsleitung überstimmt werden konnte. Er hielt Kontakt zu den Beauftragten anderer europäischer Unternehmen, um Erfahrungen in Sachen umweltorientierter Unternehmensführung auszutauschen, und versuchte, gemeinsam erarbeitete Regeln für den betriebsinternen Umweltschutz in Bielefeld durchzusetzen. Oetkers Bemühungen für den Umweltschutz umfaßten Mülltrennung, die Vermeidung von Gewerbemüll sowie die Einsparung von Verpackungsmaterial und von Energie (durch Umstellung von Ölheizung auf Fernwärme und verbesserte Gebäudeisolierung). Es folgten der Einsatz umweltfreundlicher Reinigungsmittel, die Umstellung von Einweg- auf Mehrwegpaletten sowie die Inbetriebnahme von Kompostieranlagen und biologischen Kläranlagen. Die Mitarbeiter des Hauses konnten an eigens abgehaltenen Umweltseminaren teilnehmen und wurden aufgefordert, an neuen umweltschonenden Lösungen mitzuarbeiten. Für Auszubildende wurden Umweltprojekte mit längerer Laufzeit angeboten. Eigens eingerichtete Arbeitskreise (z.B.

„Umwelt und Verpackung", „Umwelt und Produktion", „Abfall") waren bestrebt, den gesetzlichen Umweltschutzauflagen immer eine Nasenlänge voraus zu sein. Ein regelmäßig publizierter Umweltbericht des Hauses stellt den Mitarbeitern und der Öffentlichkeit die neuesten Bemühungen und Ergebnisse des Konzerns vor. 1989 fand eine erste Umweltprüfung statt; seit 1992 werden in allen Lebensmittelwerken des Konzerns jährliche Umweltprüfungen durchgeführt.

Wie groß die Erfolge im Bereich des Umweltschutzes waren, zeigt sich daran, daß August Oetker bereits zwei Jahre später vom damaligen Umweltminister Klaus Töpfer die „ASU-Auszeichnung 89" für beispielhafte Erfolge im Umweltschutz verliehen wurde. 1990 war der Oetker-Konzern Gründungsmitglied der „Umweltinitiative der Bielefelder Wirtschaft", die es sich zum Ziel setzte, Mitarbeiter zu umweltbewußtem Denken zu motivieren, die Gewerbeabfälle möglichst zu reduzieren und Produkte sowie Produktionsverfahren umweltverträglicher zu gestalten. Auch die Recyclingsysteme sollten verbessert werden. Diese Umweltinitiative erhielt 1994 den Deutschen Umweltpreis; der Oetker-Konzern im selben Jahr noch den B.A.U.M.-Umweltpreis. Eine weitere Auszeichnung gab es beim „Deutschen Verpackungswettbewerb" für die verpackungssparende Idee, Faltschachteln mit Innenbeutel durch einfache Beutel mit verstärkten Seitenkanten zu ersetzen.

1995 wurde August Oetker von der Wirtschaftszeitschrift *Capital* und der Umweltstiftung World Wide

1996

Mit großem Werbeaufwand begleitet die Telekom, eine der drei Nachfolgefirmen der Deutschen Bundespost, ihren Gang an die Börse. Die Aktien sind um ein vielfaches überzeichnet.

Fund For Nature (WWF) in Deutschland zum „Ökomanager des Jahres" in der Sparte Großunternehmen gewählt. Im Kriterienkatalog der Jury hieß es, der Ökomanager müsse „Vorbild sein". Dies traf auf August Oetker zu, der für den Bereich der Nahrungsmittel zahlreiche Neuerungen einführte, die auch in den übrigen, dem Konzern angeschlossenen Betrieben möglichst rasch durchgesetzt werden sollten. Zum Beispiel sorgte eine Optimierung der Verpackung dafür, daß der Verbrauch an Verpackungsrohstoffen drastisch reduziert werden konnte. Das Unternehmen sparte dabei nicht nur am Material, sondern auch bei den Gebühren für den Grünen Punkt. Ebenso konnten manche Verpackungsmaterialien durch andere, umweltfreundlichere ersetzt werden (PVC durch Pappe beispielsweise); dafür mußte Oetker auf der anderen Seite hohe Summen in die neuen Verpackungsmaschinen investieren. Die Erstellung von Ökobilanzen für Einwegverpackungen, Abfallbilanzen, das Sammeln von mehr als 50 Wertstoffen für die Wiederverwertung, jährlich festgelegte und kontrollierte Umweltziele und das Abfassen des *Arbeitshandbuchs Umwelt* sind ein Teil der Aktivitäten August Oetkers für den Umweltschutz, für die er schließlich mit der Auszeichnung „Ökomanager des Jahres" geehrt wurde.

Oetker, der sich für die Kennzeichnung und gegen die Verwendung gentechnisch veränderter Lebensmittel ausspricht, bemühte sich in den letzten Jahren verstärkt um die Verwendung von Getreide aus umweltschonendem, streng ökologischem Anbau. Mit Umweltchecklisten wurden die Lieferanten animiert, auf die neue Nachfrage einzugehen. August Oetker beobachtete auch unter Unternehmerkollegen immer öfter ein Umdenken in Richtung Ökologie, wie er 1995 berichtete: „Vor fünf Jahren wurden Umweltpioniere belächelt. Wenn ich heute von unseren Maßnahmen berichte, heißt es vielfach: Das sollten wir auch machen. Als Firmenchef bin ich dabei glaubwürdiger als ein Politiker oder Ökoexperte." Der 1996 gegründete Umwelt-Informationskreis soll als Informationsgremium innerhalb der Betriebe dienen und die Mitarbeiter aller Unternehmen in den aktiven Umweltschutz miteinbeziehen. Auch die Kontakte zu umweltrelevanten Behörden und Institutionen werden gepflegt. So hält der Konzern Verbindung zum Umweltbundesamt, überprüft ständig die interne Einhaltung von staatlichen oder europaweiten Umweltschutz-Richtlinien und -Gesetzen und wirkt auf das Umweltbewußtsein seiner Lieferanten und Kunden ein.

Der Oetker-Konzern produziert heute in: Bargteheide bei Hamburg, Berlin, Bielefeld, Budenheim, Dortmund, Emden, Erfurt, Ettlingen, Frankfurt am Main, Friedberg, Hamburg, Hameln, Hannover, Kassel, Oerlinghausen bei Bielefeld, Visselhövede, Tübingen, Wiesbaden, Wittenburg, Wittlich und Zeven. Mit Schwesterunternehmen in Europa und Übersee ist Dr. Oetker international vertreten.

Die Angaben über den Umfang des Gesamtsortiments der Dr. Oetker KG variieren. Zwischen 450 und 700 „Produkte mit Geling-Garantie" sollen es sein, die die angegliederten Unternehmen in aller Welt verlassen. Sie entstammen den Bereichen Backartikel, Backmischungen, tiefgekühlte Backwaren, Dessertpulver, Frisch- und Fertigdesserts, Eiskrem, Crème fraîche-Produkte, Einmachartikel, tiefgekühlte Fertiggerichte, Tiefkühlpizzen bis hin zu Müslis. Zu diesem Produktprogramm kommen noch zwei weitere, selbständig auftretende Bereiche hinzu: Honige und Knabberartikel; sowie noch viele weitere Produkte aus Bereichen, die nichts mit Ernährung zu tun haben.

Angefangen bei den traditionsreichen Dauerbestsellern Backpulver und Puddingpulver, Vanillezucker, Speisestärke und Backaromen, reicht die Palette über moderne Puddingkreationen (MicroAs, nichtanbrennender Pudding, Paradiescreme), Puddingsoßen, Götterspeisen, Rote Grütze, Tortenguß und Sahnesteif, Einmachhilfe und Gelierfix, verschiedene Fertigteige für Kuchen, Käsekuchenhilfe, verschiedene Kuchenmischungen, Blätterteig-Cremeschnitten, Donuts, Brownie-Teig, Tiefkühlkuchen und -torten, Tiefkühlpizza (Ristorante, Knusperia und Rustica; Uno momento für die Mikrowelle), Pastagerichte, internationale Fertiggerichte (China-Town, Nasi Goreng), Suppen, verschiedene Sorten Honig, Eiskrem, italienisches, französisches und dänisches Eis über Joghurts (Fruchtzauber), Desserts im Kühlregal, Crème fraîche und deren süße Variante Crème double bis hin zu Paradiescreme, Sauce fraîche und einem großen Müslisortiment. Damit sind jedoch bei weitem nicht alle Produkte aufgezählt, die der Verbraucher bei seinem Händler findet.

Schon während seiner Ausbildungszeit zeigte August Oetker, daß er durchaus einen eigenen Kopf hat. Während sein Lebenslauf zunächst einmal durch seinen

1998

Der Schriftsteller Martin Walser löst mit seiner Rede zur Verleihung des Friedenspreises des Deutschen Buchhandels eine heftige Debatte um Nazi-Schuld und deren Aufarbeitung aus.

Vater stark vorgegeben wurde, schlug August, was zum Beispiel die Art der eigenen Unterkunft in Studentenzeiten angeht, rasch eigene Wege ein. Wie erwähnt, hatte er noch während der Ausbildungszeit gegen den Willen des Vaters geheiratet, und nach Beendigung der Ausbildung ließ er sich in den USA nieder, ohne Anstalten zu machen, das väterliche Erbe anzutreten. Doch nach der Rückkehr in die Heimat arbeiteten Vater und Sohn einträchtig nebeneinander. Rudolf August Oetker konnte sich schließlich beruhigt aus den Geschäften zurückziehen.

August Oetker erfüllt die ihm übertragenen Aufgaben seit 1981 mit viel Verantwortung und dem Gefühl, nur ein Glied in einer Kette zu sein. Eines seiner fünf Kinder aus zwei Ehen – er ist seit 1994 in zweiter Ehe mit Alexandra Avé-Lallement verheiratet – wird wohl eines Tages, als Vertreter der inzwischen fünften Generation, die Geschäfte vom Vater übernehmen. Diese Verantwortung gegenüber der Familie verspürt August Oetker stark, doch er meint dazu: „Meine Aufgabe macht mir wahnsinnig viel Spaß."

Der Diplomökonom ist nicht nur Chef im Oetker-Nahrungsmittelbereich, sondern auch Gesellschafter weiterer Unternehmen der Oetker-Gruppe. Neben den Pflichten in einigen Aufsichtsräten und Beiräten hat er auch Aufgaben als stellvertretender Vorsitzender des Markenverbandes in Wiesbaden zu erfüllen. Mitglied ist er ebenfalls im Bundesverband junger Unternehmer. Darüber hinaus ist er Teilhaber der CLT/Ufa, der Fernsehtochter des Medienkonzerns Bertelsmann.

August Oetker, der wohl einer der reichsten Männer der Bundesrepublik ist, gilt als jemand, der sich lieber nicht in die Politik einmischt. Spärlich sind seine öffentlichen Aussagen in diesem Bereich. Überhaupt ist er – im Spiegel der über ihn veröffentlichten Zeitungsberichte und Interviews – noch medienscheuer als sein Vater Rudolf August Oetker, der selbst schon für seine Zurückhaltung gegenüber der Presse bekannt war. Immerhin ließ er verlauten, daß er in seiner Freizeit begeisterter Porschefahrer sei und gern Tennis spiele.

Dr. Oetker's
Backpulver

Bibliographie:

Der helle Kopf, Hauszeitschrift der Firma Oetker.

Engelmann, Bernt, Die Macht am Rhein, Bd.1: Der alte Reichtum, München 1968 (Schneekluth, auch erschienen im Stern ab 21.7.1968).

75 Jahre Dr. Oetker. Der helle Kopf (Sonderausgabe zum 75jährigen Firmenjubiläum), Bielefeld 1966.

Generotzky, Werner, Dr. Oetker. Revolution im Kochtopf, in: Hans D. Barbier/Fides Krause-Brewer (Hgg.), Die Person hinter dem Produkt. 40 Porträts erfolgreicher Unternehmer, Bonn/Bad Godesberg 1987, ^{2}1988.

Bielefelder Unternehmer des 18. bis 20. Jahrhunderts (Veröffentlichungen der Historischen Kommission für Westfalen XVII Bd. 14), Münster in Westfalen 1991, S. 163-187.

Nolcken, Berndt Freiherr von, Zum 100. Geburtstag von Dr. August Oetker (Firmenveröffentlichung; Umschlagtitel: Doktor August Oetker 100 Jahre), Bielefeld (Bentrup) 1962.

Pollard, Sydney und Roland Möller, Dr. August Oetker (1862-1918), in: Rheinisch-Westfälische Wirtschaftsbibliographien. Bielefelder Unternehmer des 18. bis 20. Jahrhunderts (Veröffentlichungen der Historischen Kommission für Westfalen XVII Bd. 14), Münster in Westfalen 1991, S. 356-377.

Bildquellen:

Bildarchiv des Süddeutschen Verlags; dpa-Bilderdienst,

Werksveröffentlichungen der Firma Oetker